# SOCIEDADE 5.0
# A revolução digital e seus impactos

Marcos J. Ribeiro

Ricardo Mendes Jr.

# SOCIEDADE 5.0
# A revolução digital e seus impactos

2023

*Editor:*
Marcos J. Ribeiro
*Capa:*
Carolina Agostini Mendes
*Revisão:*
Ricardo Mendes Jr.

**Dados Internacionais de Catalogação na Publicação (CIP)**
**(Câmara Brasileira do Livro, SP, Brasil)**

```
Ribeiro, Marcos J.
   Sociedade 5.0 : a revolução digital e seus
impactos / Marcos J. Ribeiro, Ricardo Mendes Jr. --
Curitiba, PR : Ed. dos Autores, 2023.

   Bibliografia.
   ISBN 978-65-00-75484-1

   1. Sociedade 2. Relações sociais 3. Tecnologia
e inovação 4. Transformação digital I. Mendes Jr.,
Ricardo. II. Título.
```

23-165414                              CDD-303.483

**Índices para catálogo sistemático:**

1. Tecnologia : Mudanças sociais : Sociologia
       303.483

Tábata Alves da Silva - Bibliotecária - CRB-8/9253



www.sociedade50.com

Mensagem dos Autores

Prezado leitor,

É com grande satisfação que apresentamos o livro "Sociedade 5.0: A Revolução Digital e Seus Impactos". Neste trabalho, buscamos trazer reflexões sobre como a tecnologia está moldando nossa sociedade e as consequências disso para nossas vidas.

Nosso objetivo é ajudar a compreender o cenário em que estamos inseridos e como podemos nos preparar para enfrentar os desafios e aproveitar as oportunidades que surgem neste contexto de rápida evolução tecnológica.

Acreditamos que é importante estar atentos e preparados para as mudanças que estão por vir, e esperamos que este livro possa contribuir para ampliar a visão de nossos leitores e estimular o debate sobre o futuro da sociedade e do trabalho.

Boa leitura!

Os autores.

# Índice


**1. Introdução** ...................................................................9

1.1.   O que é a Sociedade 5.0 .....................................10

1.2.   Como surgiu a Sociedade 5.0................................11

1.3.   Tendências e desafios da Sociedade 5.0 .............12

1.4.   Principais objetivos da Sociedade 5.0 ..................13

1.5.   Pilares da Sociedade 5.0 ......................................16

1.6.   Por que 5.0?..........................................................18


**2. Tecnologia e inovação**.................................................21

2.1.   A importância da tecnologia na Sociedade 5.0 ....22

2.2.   Consolidação das tecnologias e seus impactos......23

2.3.   Como a tecnologia digital está mudando a forma como trabalhamos e vivemos .............................................27


**3. Transformações sociais e culturais**................................29

3.1.   O impacto da Sociedade 5.0 na diversidade e inclusão ...............30

3.2.   Como a Sociedade 5.0 está mudando as relações humanas .......31

3.3.   A evolução dos valores e normas sociais................32

3.4.   Literacia da informação .......................................33


**4. Transformações na economia** .......................................35

4.1.   A digitalização do mundo dos negócios .............36

4.2.   O surgimento de novos modelos de negócios.........37

4.3.   Transformações no trabalho na Sociedade 5.0 .....41

4.4.   Novas oportunidades em áreas emergentes.........43

4.5.   Desenvolvimento de novos mercados e produtos baseados em tecnologias avançadas ...........................................46

4.6.   Aumento da eficiência produtiva...........................47


**5. Impactos na vida urbana**..............................................49

5.1.   Cidades inteligentes..............................................50

5.2.   Mobilidade urbana ...............................................51

5.3.  Infraestrutura inteligente ................................................53

5.4.  Gestão eficiente dos recursos.........................................54

5.5.  Qualidade de vida .........................................................56

5.6.  Participação cidadã.......................................................57

**6. Preparação para o futuro**................................................59

6.1.  Como se preparar para a Sociedade 5.0 .........................60

6.2.  Desenvolvendo habilidades e competências para o futuro ..........62

6.3.  As perspectivas de carreira e emprego na Sociedade 5.0.............64

6.4.  Plataformas colaborativas .............................................66

6.5.  Desafios e questões éticas .............................................68

6.6.  Como começar a mudança para Sociedade 5.0 .......................69

**7. Sociedade 5.0 sob a ótica dos autores**.............................71

Perfil dos autores.............................................................73

A jornada digital do livro ..................................................75

Glossário........................................................................77

Índice Remissivo ..............................................................89

Bibliografia ....................................................................91

# 1. Introdução

Neste capítulo, exploramos a dinâmica fascinante das interações sociais em contextos diversos. Analisamos como os indivíduos se relacionam, comunicam e influenciam uns aos outros, abordando tanto os aspectos positivos quanto os desafios inerentes às relações humanas. Ao examinar as teorias e pesquisas recentes nessa área, buscamos compreender melhor os mecanismos subjacentes aos processos sociais, visando ampliar nosso conhecimento sobre o comportamento humano e suas implicações nas sociedades contemporâneas.

## 1.1. O que é a Sociedade 5.0

A Sociedade 5.0 é um conceito que vem sendo discutido há pouco tempo por especialistas em tecnologia e sociologia, visando uma evolução da sociedade atual para uma nova era que aproveita as tecnologias digitais de forma ainda mais intensa e envolvente.

A Sociedade 5.0 é um conceito que surgiu no Japão e representa uma visão futurista de sociedade que combina avanços tecnológicos com aprimoramento humano, visando o bem-estar e a qualidade de vida das pessoas. Esse conceito destaca a integração e a harmonização entre a sociedade e as tecnologias emergentes, levando em consideração valores humanos, sustentabilidade e inovação.

Neste novo contexto, as tecnologias digitais são ainda mais presentes em todas as esferas da sociedade, tornando-se parte integral do dia a dia das pessoas e das empresas. Além disso, outras tecnologias avançadas, como a Inteligência Artificial (IA, ou AI, *Artificial Intelligence* em inglês) e a robótica, serão amplamente utilizadas para solucionar problemas sociais, melhorar a qualidade de vida das pessoas e impulsionar o desenvolvimento econômico.

No entanto, é importante destacar que a Sociedade 5.0 não é apenas uma questão de tecnologia. Ela é, acima de tudo, uma visão de futuro que se baseia em valores humanos e sociais, como a equidade, a justiça, a inclusão e o bem-estar das pessoas. Desta forma, é fundamental que a tecnologia seja utilizada de forma a beneficiar e melhorar a vida das pessoas, em vez de prejudicá-las ou torná-las submissas às máquinas.

A relevância da Sociedade 5.0 reside na sua capacidade de enfrentar os desafios contemporâneos. Com a rápida evolução tecnológica e os crescentes problemas sociais e ambientais, surge a necessidade de um modelo de sociedade que possa alavancar o potencial da tecnologia em benefício da humanidade. A Sociedade 5.0 busca promover a melhoria da qualidade de vida, o desenvolvimento sustentável, a resolução de problemas complexos e a promoção da igualdade.

Além disso, a Sociedade 5.0 também oferece oportunidades significativas para a inovação, o empreendedorismo e o crescimento econômico. A implementação de soluções tecnológicas inteligentes e a interconexão de setores diferentes podem criar modelos de negócios, melhorar a eficiência produtiva e gerar empregos em áreas emergentes.

Em suma, a Sociedade 5.0 representa uma abordagem integradora e voltada para o futuro, que busca o equilíbrio entre a tecnologia e a humanidade. Seu objetivo é criar uma sociedade mais inteligente, inclusiva e sustentável, onde a tecnologia seja utilizada como uma ferramenta para promover o bem-estar e a prosperidade de todos.

## 1.2. Como surgiu a Sociedade 5.0

A Sociedade 5.0 surgiu a partir de uma série de mudanças e avanços tecnológicos que têm impactado profundamente a maneira como as pessoas vivem, trabalham e se relacionam entre si. Esta nova era é caracterizada pela interconexão digital global, pela Inteligência Artificial (IA) e pelo uso cada vez mais amplo da robótica, transformando nossas vidas em uma realidade híbrida, onde o virtual e o real se mesclam de forma fluida.

Desde a sociedade agrícola, passando pela industrial, pela informacional e chegando até a sociedade atual, marcada pela tecnologia digital, a sociedade tem sido moldada pelas inovações tecnológicas. Porém, a Sociedade 5.0 é diferente, pois representa uma era em que a tecnologia está sendo usada para aprimorar não somente a eficiência dos processos, mas também para melhorar a qualidade de vida das pessoas e construir uma sociedade mais justa e equilibrada.

Assim, a Sociedade 5.0 é o resultado de uma evolução progressiva, acompanhada por mudanças profundas na maneira como a tecnologia é usada e pelo aumento da consciência social e ambiental. É uma era em que o conhecimento e a tecnologia serão utilizados de forma responsável e ética para construir um futuro melhor para todos. Por isso, é fundamental que todos estejam preparados para os desafios e as oportunidades que a Sociedade 5.0 irá apresentar.

Ao contrário das sociedades anteriores, a Sociedade 5.0 busca utilizar a tecnologia de forma mais humanizada, direcionando seus avanços para a solução de problemas sociais, econômicos e ambientais. Nesse contexto, as tecnologias-chave, como IA, Internet das Coisas (IoT, *Internet of Things* em inglês), big data, robótica e outras, são empregadas para criar um ambiente mais inteligente e eficiente.

## 1.3. Tendências e desafios da Sociedade 5.0

A Sociedade 5.0 é um conceito amplo que abrange tendências e desafios relacionados à tecnologia, economia e sociedade. A quinta era da sociedade é definida como uma sociedade que combina o melhor da tecnologia com os valores humanos, uma sociedade sinérgica. A crescente conectividade, a Inteligência Artificial (IA) e a automação têm um impacto profundo na forma como vivemos, trabalhamos e nos relacionamos uns com os outros.

Uma das principais tendências da Sociedade 5.0 é a crescente digitalização de todas as áreas da vida. O uso cada vez mais intensivo da tecnologia digital para solucionar problemas e facilitar as atividades cotidianas está mudando a forma como as pessoas trabalham, se relacionam e vivem suas vidas. Além disso, a tecnologia está cada vez mais presente na educação, na saúde e nas atividades financeiras, e isso tem um impacto significativo na forma como as pessoas acessam e usam serviços públicos e privados.

Outro desafio importante da Sociedade 5.0 é garantir que as tecnologias sejam utilizadas de maneira responsável e ética. Como a tecnologia está cada vez mais presente em todas as áreas da vida, é importante assegurar que ela seja usada para o bem-estar da sociedade e não para prejudicá-la. Além disso, é preciso garantir que a tecnologia esteja disponível e acessível para todos, independentemente da renda ou localização geográfica, para evitar a exclusão digital e ampliar as oportunidades de desenvolvimento para todos.

A Sociedade 5.0 representa um modelo societário que combina avanços tecnológicos com aprimoramento humano, buscando o equilíbrio entre a tecnologia e a humanidade. Nesse contexto, a tecnologia é utilizada como uma ferramenta para melhorar a qualidade de vida das pessoas e solucionar problemas sociais, econômicos e ambientais. A Sociedade 5.0 valoriza a integração de tecnologias emergentes, como IA, Internet das Coisas (IoT) e *big data*, visando criar um ambiente inteligente e eficiente. Ao mesmo tempo, coloca o ser humano como o centro desse processo, priorizando seus valores, necessidades e bem-estar. Essa combinação entre tecnologia e humanidade é essencial para promover uma sociedade mais inclusiva, sustentável e voltada para o benefício coletivo.

## 1.4. Principais objetivos da Sociedade 5.0

O objetivo mais amplo da Sociedade 5.0 é a busca por um futuro sustentável e harmonioso, onde a tecnologia e a humanidade se unem para melhorar a qualidade de vida das pessoas, promover a igualdade de oportunidades, resolver problemas sociais e ambientais, impulsionar a inovação econômica e fortalecer a participação cidadã. Trata-se de uma visão de sociedade que busca utilizar o poder da tecnologia para criar um mundo mais inclusivo, resiliente e voltado para o bem-estar coletivo.

Podemos colocar este objetivo mais amplo da Sociedade 5.0 em seis principais objetivos: melhorar a qualidade de vida das pessoas, promover a sustentabilidade ambiental, resolver problemas sociais, enfrentar desafios econômicos, fortalecer a governança e participação cidadã, e fomentar a igualdade de oportunidades.

Melhorar a qualidade de vida das pessoas, impulsionando o bem-estar e a felicidade: A Sociedade 5.0 busca utilizar tecnologias avançadas para melhorar a qualidade de vida das pessoas, fornecendo soluções inovadoras nas áreas de saúde, educação, lazer e bem-estar. Isso inclui o acesso a serviços de saúde personalizados, ambientes urbanos mais seguros e sustentáveis, oportunidades de aprendizado adaptadas às necessidades individuais e maior conforto e conveniência no dia a dia.

Promover a sustentabilidade ambiental, adotando práticas que reduzam o impacto negativo no meio ambiente: A Sociedade 5.0 busca soluções tecnológicas para enfrentar desafios ambientais, como o uso de energias renováveis, sistemas de transporte sustentáveis e gestão eficiente dos recursos naturais. Isso inclui a criação de cidades inteligentes, com infraestrutura verde e tecnologias que reduzem a emissão de poluentes, bem como o estímulo a práticas de produção e consumo mais sustentáveis.

Resolver problemas sociais, como desigualdades e exclusão, através de soluções tecnológicas e inclusão digital: A Sociedade 5.0 visa superar desigualdades e promover a inclusão de todos os indivíduos, proporcionando acesso igualitário às tecnologias e oportunidades oferecidas. Isso inclui o desenvolvimento de programas de inclusão digital, acesso a serviços digitais essenciais, como educação e saúde, e o uso de tecnologias para enfrentar desafios sociais, como a pobreza, desigualdades de gênero e exclusão social.

Enfrentar desafios econômicos, estimulando o crescimento sustentável e a inovação nos setores produtivos: A Sociedade 5.0 busca impulsionar a economia através da adoção de tecnologias avançadas e inovadoras. Isso inclui a promoção de *startups*, o estímulo à pesquisa e desenvolvimento, a melhoria da eficiência produtiva e a criação de novos modelos de negócios baseados na economia digital. A Sociedade 5.0 busca também estimular a geração de empregos em setores emergentes e fomentar a competitividade das empresas.

Fortalecer a governança e participação cidadã, promovendo a colaboração entre diferentes atores e o engajamento da população: A Sociedade 5.0 valoriza a participação ativa dos cidadãos na definição das políticas públicas e na tomada de decisões. Isso envolve a criação de canais de comunicação abertos e transparentes entre governos, empresas e sociedade civil, a fim de promover a colaboração, a transparência e a responsabilidade na governança.

Fomentar a igualdade de oportunidades, garantindo que todos tenham acesso aos benefícios proporcionados pela Sociedade 5.0: A Sociedade 5.0 busca eliminar as disparidades e garantir que todos possam usufruir dos avanços tecnológicos e dos benefícios sociais e econômicos resultantes. Isso envolve a redução da exclusão digital, a promoção de programas de capacitação e inclusão, e a implementação de políticas públicas que garantam o acesso equitativo à tecnologia e aos serviços digitais. Além disso, é essencial promover a educação digital e o desenvolvimento de habilidades tecnológicas, capacitando as pessoas para aproveitar as oportunidades geradas pela Sociedade 5.0. Ao fomentar a igualdade de oportunidades, a Sociedade 5.0 aspira a criar um futuro em que a tecnologia seja um instrumento para a inclusão e o progresso, beneficiando toda a sociedade e construindo um mundo mais justo e próspero.

### 1.5. Pilares da Sociedade 5.0

Assim, para alcançarmos a Sociedade 5.0 precisaremos desenvolver nossa sociedade em oito pilares:

1. Literacia da informação (ou Competência em informação),

2. Participação cidadã

3. Colaboração entre diferentes setores,

4. Conectividade ubíqua,

5. Uso de dados,

6. Inovação tecnológica,

7. Melhoria da infraestrutura social

8. Inclusão e equidade.

A literacia da informação (ou competência em informação) desempenha um papel fundamental na Sociedade 5.0, onde a tecnologia e a informação estão intimamente integradas em todos os aspectos da vida. Literacia da informação, refere-se à capacidade de localizar, avaliar, utilizar e comunicar efetivamente informações de diversas fontes. Abrange as habilidades e competências necessárias para navegar na vasta quantidade de informações disponíveis na era digital atual.

A participação cidadã busca envolver ativamente os cidadãos na tomada de decisões e no desenvolvimento de soluções para os desafios enfrentados pela sociedade. Ao promover a participação cidadã, a Sociedade 5.0 visa fortalecer a democracia, ampliar a inclusão e garantir que os interesses e necessidades de todos os membros da sociedade sejam considerados e atendidos. Isso cria um ambiente de governança mais transparente, responsável e democrático, onde os cidadãos se tornam protagonistas ativos na construção de um futuro sustentável e equitativo.

A Sociedade 5.0 valoriza a colaboração entre governos, empresas, academia e sociedade civil. A parceria entre esses setores permite a troca de conhecimentos, recursos e experiências, além de impulsionar a cocriação de soluções inovadoras para os problemas enfrentados. A colaboração entre diferentes atores cria um ambiente propício para o desenvolvimento e a implementação de projetos de grande impacto social.

Os três pilares acima estão por primeiro não por acaso, estes são ao mesmo tempo os mais importantes e os que representam os maiores desafios para a Sociedade 5.0.

A conectividade ubíqua refere-se à interconexão de pessoas, dispositivos e sistemas por meio de uma ampla rede, permitindo a troca instantânea de informações e colaboração em tempo real. Isso possibilita a criação de ambientes mais inteligentes e eficientes, conectando pessoas a serviços e recursos de forma contínua e facilitando a tomada de decisões baseadas em dados.

O uso de dados é essencial na Sociedade 5.0, pois permite a coleta, análise e aplicação inteligente de grandes volumes de informações. Através da análise de dados, é possível obter insights valiosos para melhorar processos, desenvolver produtos e serviços personalizados, antecipar demandas e tomar decisões embasadas em evidências.

A inovação tecnológica é um pilar fundamental da Sociedade 5.0. Ela engloba o desenvolvimento e a adoção de tecnologias avançadas, como Inteligência Artificial, robótica, Internet das Coisas (IoT), Realidade Virtual (VR, *Virtual Reality* em inglês) e Realidade Aumentada (AR, *Augmented Reality* em inglês). Essas tecnologias impulsionam a eficiência, a automação e a criação de soluções inteligentes para os desafios sociais, econômicos e ambientais.

Investimentos na melhoria da infraestrutura social são essenciais para a Sociedade 5.0. Isso inclui o desenvolvimento de redes de transporte eficientes e sustentáveis, sistemas de energia limpa, cidades inteligentes e ambientes urbanos que priorizam a qualidade de vida, a segurança e a sustentabilidade. A infraestrutura social aprimorada é fundamental para criar uma base sólida para a implementação bem-sucedida da Sociedade 5.0.

A Sociedade 5.0 busca garantir que todos tenham acesso igualitário aos benefícios proporcionados pela tecnologia. Isso envolve a promoção da inclusão digital, reduzindo as desigualdades de acesso à tecnologia e à informação. Além disso, a Sociedade 5.0 busca criar oportunidades para todos os membros da sociedade, garantindo que ninguém seja abandonado e promovendo uma distribuição equitativa dos benefícios gerados pela transformação digital.

## 1.6.  Por que 5.0?

A expressão "Sociedade 5.0" é utilizada para representar uma visão futurista de sociedade que vai além do conceito de "Sociedade 4.0". Enquanto a Sociedade 4.0 refere-se à Era da Informação, caracterizada pela integração de tecnologias digitais em todas as atividades da sociedade, a Sociedade 5.0 amplia esse conceito.

A Sociedade 5.0 busca uma integração ainda mais profunda das tecnologias digitais em diversos aspectos da vida cotidiana, incluindo a melhoria da qualidade de vida, solução de problemas sociais e desenvolvimento sustentável. Ela busca utilizar tecnologias avançadas, como Inteligência Artificial, robótica, Internet das Coisas (IoT), entre outras, para promover a interação harmoniosa entre seres humanos, tecnologia e ambiente.

## Por que 5.0?

| | Indústria 1.0 | Indústria 2.0 | Indústria 3.0 | Indústria 4.0 |
|---|---|---|---|---|
| | Sociedade 1.0 | Sociedade 2.0 | Sociedade 3.0 | Sociedade 4.0 | Sociedade 5.0 |
| Sociedade | Caça e coleta | Agrária | Mecanizada | Informacional | Super Smart |
| Produtividade | Captura e coleta | Manufatura | Mecanização | Tecnologia da informação | Fusão do espaço físico e ciber espaço |
| Material | Pedra e solo | Metal | Plástico | Semicondutor | Materiais nobres |
| Transporte | Pé | Cavalo | Carros, barcos e aviões | Multimobilidade | Veículos autônomos |
| Ideal das cidades | Viabilidade | Defensiva | Funcional | Eficiente | Humana |

Dessa forma, o termo "Sociedade 5.0" enfatiza a evolução e transformação contínuas da sociedade em direção a um futuro em que a tecnologia desempenha um papel cada vez mais significativo na vida das pessoas, impactando diversos setores, como saúde, educação, mobilidade urbana, governança e bem-estar social.

## 2. Tecnologia e inovação

No futuro, a automação pode substituir certos empregos, mas também abrirá espaço para a criação de novas oportunidades de trabalho relacionadas à tecnologia, inovação e gestão. Há atividades que exigem habilidades exclusivamente humanas, como criatividade, empatia, tomada de decisão ética, resolução de problemas complexos e interação social, que não podem ser facilmente substituídas pela tecnologia.

## 2.1.  A importância da tecnologia na Sociedade 5.0

A tecnologia é uma força motriz da Sociedade 5.0 e tem um papel fundamental na transformação da sociedade. Desde a industrialização, a tecnologia tem evoluído a passos largos e a Sociedade 5.0 é a culminância desta evolução. A tecnologia tem o poder de mudar a forma como vivemos, trabalhamos e nos relacionamos.

Na Sociedade 5.0, a tecnologia está presente em todos os aspectos da vida, desde a comunicação até a saúde. A Inteligência Artificial e a robótica estão mudando a forma como as empresas são gerenciadas e a forma como as pessoas trabalham. Além disso, a tecnologia tem permitido a criação de novos modelos de negócios, como o comércio eletrônico, que está revolucionando a forma como as pessoas compram e vendem produtos.

Porém, ao mesmo tempo em que a tecnologia está mudando a sociedade de maneira positiva, ela também está criando desafios. A dependência crescente da tecnologia pode levar a problemas de privacidade e segurança, e pode ameaçar a integridade dos dados pessoais. Além disso, a automatização tem o potencial em resultar no desemprego em grande proporção, a menos que a sociedade faça uso de estratégias para mitigar esse impacto. E irá mudar a forma como as pessoas trabalham e se relacionam com o trabalho. É importante abordar esses desafios de forma cuidadosa para garantir que a tecnologia continue a ser uma força positiva na Sociedade 5.0.

Outros desafios para a Sociedade 5.0 referem-se às grandes cidades – as megalópoles com mais de 10 milhões de habitantes. As grandes cidades em todo o mundo estão passando por enormes problemas. Muitas soluções destes problemas estão sendo implantadas com o uso intensivo de tecnologia, no paradigma que é conhecido como "cidades inteligentes" (*smart cities*). Na Sociedade 5.0 o paradigma das cidades inteligentes vai mais além. Na Sociedade 5.0 os sistemas que permitem o funcionamento da sociedade serão operados de uma forma integrada e serão utilizados para modelar o mundo real criando um mundo virtual, o ciberespaço, com dados coletados do mundo real, "mesclando o espaço físico (mundo real) com o ciberespaço (mundo virtual) – que é diferente do Metaverso. Podemos considerar que a Sociedade 5.0 em termos de tecnologia é uma evolução do conceito de cidades inteligentes aplicado a toda a sociedade, mencionado na literatura como a Sociedade Superinteligente (*Super Smart Society*).

## 2.2. Consolidação das tecnologias e seus impactos

Acompanhar o ritmo acelerado de desenvolvimento tecnológico é uma tarefa complexa e desafiadora, especialmente quando se trata de avaliar seus impactos na sociedade. Embora essas inovações tenham o potencial de transformar positivamente a vida das pessoas, também podem ter consequências negativas e até mesmo irreversíveis.

Por isso, é importante estarmos atentos aos avanços tecnológicos e às suas implicações para a sociedade como um todo. As tecnologias contemporâneas, como Inteligência Artificial (IA), robótica e cibersegurança, estão sendo desenvolvidas a uma velocidade cada vez maior e precisam ser cuidadosamente avaliadas antes de serem amplamente adotadas. Além disso, é fundamental que sejam estabelecidos regulamentos claros e eficazes que possam minimizar o impacto negativo dessas tecnologias.

Por outro lado, o desenvolvimento dessas tecnologias também pode trazer grandes benefícios para a sociedade, especialmente no que diz respeito à melhoria da qualidade de vida. A robótica, por exemplo, pode ser utilizada para realizar tarefas perigosas e repetitivas, liberando os trabalhadores para atividades mais criativas e significativas. A

IA também pode ser aplicada para resolver problemas complexos e melhorar a eficiência em diversos setores, incluindo saúde, transporte e produção.

Em suma, o desenvolvimento de novas tecnologias é um processo dinâmico e em constante evolução, e é de extrema importância que estejamos atentos aos seus impactos e estejamos preparados para lidar com eles de forma eficaz. A Sociedade 5.0 será moldada pelas tecnologias que desenvolvermos, combinarmos e implementarmos, e é de suma importância que estejamos preparados para essa jornada.

Alguns exemplos de tecnologias contemporâneas que estão se consolidando e terão importância no futuro próximo:

- Smartphones

- Inteligência Artificial

- Internet das Coisas (IoT)

- Realidade Virtual (VR)

- Realidade Aumentada (AR)

- Blockchain

Prever com precisão as tecnologias que serão populares daqui a 30 anos é bastante difícil, já que a tecnologia está em constante evolução e muitas inovações ainda estão em estágios iniciais de desenvolvimento. No entanto, algumas tendências indicam áreas que podem ter grande impacto na sociedade no futuro. Algumas tecnologias em desenvolvimento e que podem se popularizar daqui a 30 anos incluem:

- Inteligência Artificial (IA) avançada: A IA está se tornando cada vez mais sofisticada, e as possibilidades para a tecnologia são enormes. Além de ajudar nas tarefas do dia a dia, a IA avançada pode ser usada em áreas como medicina, ciência e tecnologia.

- Realidade Virtual (VR) e Realidade Aumentada (AR) aprimoradas: A VR e a AR já são usadas em muitas áreas, mas com o aprimoramento da tecnologia, a experiência do usuário pode se tornar ainda mais imersiva e realista, transformando a maneira como interagimos com o mundo.

- Tecnologia de energia limpa: Com a crescente preocupação com o meio ambiente, a tecnologia de energia limpa pode se tornar cada vez mais importante. Isso inclui o desenvolvimento de baterias mais eficientes, painéis solares avançados e tecnologias de armazenamento de energia.

- Medicina personalizada: A medicina personalizada pode se tornar mais comum, com diagnósticos e tratamentos baseados nas informações genéticas e moleculares de cada paciente.

- Computação quântica: A computação quântica é uma tecnologia ainda em estágio inicial de desenvolvimento, mas com o potencial de revolucionar a computação e oferecer novas possibilidades para resolver problemas complexos.

- Veículos autônomos: A tecnologia de veículos autônomos já está em desenvolvimento, e com a evolução da tecnologia, pode se tornar uma realidade comum nas estradas.

- Tecnologias para aprimorar a interação entre humanos e máquinas: A tecnologia para aprimorar a interação entre humanos e máquinas, como interfaces cérebro-computador e tecnologias de reconhecimento de emoções, pode ser usada em muitas áreas, incluindo medicina, indústria e entretenimento.

Essas são apenas algumas das possíveis tecnologias que podem se popularizar nos próximos 30 anos. O futuro da tecnologia é emocionante e imprevisível, com muitas novas descobertas e inovações surgindo constantemente.

Uma questão importante a ser considerada é se a IA está intensificando as assimetrias de poder e impactando as práticas de governança.

### Como garantir um governo que respeite os valores democráticos?

A IA pode, de fato, introduzir desafios em termos de desigualdade e governança. É importante assegurar que as tecnologias de IA sejam desenvolvidas e utilizadas de forma ética e responsável, levando em conta os princípios democráticos. Isso inclui a transparência dos algoritmos, a prestação de contas dos sistemas de IA e a garantia de que as decisões sejam tomadas de forma justa e inclusiva. Cabe ressaltar que para alcançar um nível elevado de democracia, é necessário um treinamento abrangente, baseado em fundamentos que compreendem a legislação, convenções e interpretações.

Para sermos governados de acordo com os valores democráticos, é crucial promover a participação pública e a inclusão de diferentes perspectivas nas discussões e tomadas de decisão relacionadas à implementação da IA. Isso implica em abrir espaço para debates e consulta pública, envolver especialistas e organizações da sociedade civil, e garantir que as decisões políticas relacionadas à IA sejam baseadas em princípios de igualdade, justiça e respeito aos direitos humanos.

Além disso, é importante estabelecer mecanismos de supervisão e regulação adequados para mitigar os riscos e impactos negativos da IA. Isso inclui a definição de políticas claras, marcos legais e mecanismos de prestação de contas para garantir que a implementação da IA seja guiada por princípios democráticos e proteção dos direitos individuais e coletivos.

Podemos então chegar à conclusão de que uma governança da IA deve ser orientada pelos valores democráticos, com ênfase na transparência, responsabilidade e inclusão, a fim de minimizar as assimetrias de poder e garantir que a tecnologia seja usada em benefício de toda a sociedade.

## 2.3. Como a tecnologia digital está mudando a forma como trabalhamos e vivemos

A tecnologia digital está constantemente evoluindo e, consequentemente, mudando a forma como trabalhamos e vivemos. É notável como as novas ferramentas digitais têm um impacto significativo em nossas vidas e carreiras. No trabalho, a tecnologia digital está transformando a forma como realizamos nossas tarefas, bem como a forma como nos relacionamos com nossos colegas e clientes.

Nos dias de hoje, muitas empresas estão adotando sistemas e ferramentas digitais para automatizar processos, otimizar a comunicação e melhorar a eficiência. Além disso, a tecnologia digital também está permitindo a popularização do trabalho remoto e a flexibilidade de horários, permitindo que muitas pessoas trabalhem de qualquer lugar, a qualquer hora.

Por outro lado, a tecnologia digital também está mudando a forma como vivemos fora do trabalho. A crescente popularidade de dispositivos móveis e o acesso à internet está permitindo que as pessoas se conectem a amigos, familiares e outras pessoas de todo o mundo de forma mais fácil e rápida. Além disso, a tecnologia digital está transformando a forma como compramos bens e serviços, bem como a forma como acessamos entretenimento e informações. Em suma, é evidente que a tecnologia digital está transformando profundamente a forma como trabalhamos e vivemos, e é importante estar atento às tendências e desenvolvimentos futuros.

# 3. Transformações sociais e culturais

A Sociedade 5.0, com sua crescente integração de tecnologia e sociedade, tem um impacto profundo na diversidade, inclusão e nas relações humanas. Enquanto a tecnologia digital oferece oportunidades para promover igualdade e ampliar o acesso, também pode amplificar desigualdades existentes.

É essencial considerar os desafios e trabalhar para criar uma Sociedade 5.0 inclusiva e equitativa, onde a tecnologia seja uma força positiva nas relações humanas. Além disso, a literacia da informação desempenha um papel crucial, capacitando as pessoas a navegar no fluxo constante de informações e participar ativamente na era digital, enquanto combate a desinformação e reduz a exclusão digital.

## 3.1. O impacto da Sociedade 5.0 na diversidade e inclusão

A Sociedade 5.0 tem o potencial de mudar profundamente a forma como vivemos e trabalhamos, e pode ter um impacto significativo na diversidade e inclusão. A forma como a tecnologia digital é projetada e utilizada tem implicações importantes para grupos marginalizados e sub-representações.

Por um lado, a tecnologia digital pode ser uma ferramenta valiosa para a promoção da igualdade e inclusão, ajudando a tornar o acesso à informação e oportunidades mais amplo e equitativo. Por exemplo, plataformas on-line podem ser utilizadas para ampliar a participação de grupos historicamente excluídos no mercado de trabalho e na economia. Além disso, a Inteligência Artificial (IA) pode ser treinada para detectar e corrigir padrões de discriminação implícita.

Por outro lado, a tecnologia digital também pode amplificar as desigualdades existentes, perpetuando barreiras para grupos marginalizados. Por exemplo, a automação do trabalho pode ter um impacto negativo sobre trabalhadores de baixa renda e com baixo nível de escolaridade, ao mesmo tempo em que alguns grupos podem ser excluídos da criação e utilização da tecnologia. Além disso, a IA pode replicar e amplificar padrões de discriminação se for alimentada com dados enviesados. Ou seja, a IA pode reproduzir e agravar preconceitos e desigualdades existentes se for treinada com conjuntos de dados que contenham viés ou tendências discriminatórias. É importante estar ciente desse problema e trabalhar para mitigar o viés nos dados utilizados para treinar sistemas de IA, a fim de garantir decisões mais justas, imparciais e equitativas.

É importante levar em conta estas implicações da tecnologia na Sociedade 5.0 e trabalhar para criar uma tecnologia mais inclusiva e equitativa. É fundamental que os desenvolvedores de tecnologia, governos e sociedade em geral estejam conscientes dos impactos da tecnologia e se esforcem para construir uma Sociedade 5.0 que seja verdadeiramente inclusiva e justa para todos.

## 3.2. Como a Sociedade 5.0 está mudando as relações humanas

A Sociedade 5.0 irá revolucionar as relações humanas de forma significativa. A tecnologia digital está mudando a forma como as pessoas se relacionam umas com as outras e a maneira como se comunicam, permitindo novos tipos de conexões e interações.

Por um lado, as novas tecnologias estão permitindo que as pessoas se conectem com pessoas de todo o mundo, independentemente da distância física. As plataformas de redes sociais digitais permitem que as pessoas compartilhem suas vidas e se conectem com outras pessoas, criando comunidades virtuais e novas formas de relações.

Por outro lado, as mudanças na forma como as pessoas se relacionam trazem novos desafios e preocupações. A falta de interação física pode levar a uma sensação de isolamento e solidão, especialmente para aqueles que não estão familiarizados com as novas formas de conexão.

Além disso, a quantidade de informações disponíveis online pode tornar difícil distinguir o que é verdadeiro ou não, e a privacidade e segurança das informações pessoais são preocupações crescentes.

É importante considerar esses desafios e trabalhar para encontrar maneiras de maximizar os benefícios da tecnologia na Sociedade 5.0, enquanto se minimizam seus impactos negativos nas relações humanas.

### 3.3. A evolução dos valores e normas sociais

A evolução dos valores e normas sociais é uma das consequências mais importantes da Sociedade 5.0. Como pesquisadores, é notável observar como a sociedade tem se adaptado aos avanços tecnológicos e como isso tem afetado suas crenças e comportamentos.

Desde o surgimento em 2016 pelo governo japonês o termo Sociedade 5.0, temos visto uma mudança significativa na forma como as pessoas se relacionam e se comunicam. A tecnologia tem facilitado a conexão global e a troca de informações, fazendo com que as pessoas sejam mais conscientes dos problemas sociais e políticos que antes estavam distantes de sua realidade. Esse acesso à informação tem sido uma força importante na mudança dos valores e normas sociais, especialmente em questões como direitos humanos, igualdade de gênero e justiça social.

Além disso, a tecnologia também tem afetado a forma como as pessoas trabalham e se relacionam com seus empregos. Novos modelos de negócios e formas de trabalho remoto estão surgindo, o que tem desafiado as normas tradicionais de trabalho e criado padrões de trabalho. Esses avanços tecnológicos têm criado oportunidades para pessoas com diferentes habilidades e necessidades, mas também têm trazido desafios às normas sociais sobre o que é considerado um emprego "adequado".

A evolução dos valores e normas sociais é uma das muitas maneiras pelas quais a Sociedade 5.0 está mudando nossa forma de vida e nos desafiando a repensar nossas crenças e comportamentos. Como pesquisadores, é fascinante assistir a essas mudanças e explorar como elas afetarão o futuro da sociedade.

## 3.4. Literacia da informação

A literacia da informação desempenha um papel fundamental na Sociedade 5.0, onde a tecnologia e a informação estão intimamente integradas em todos os aspectos da vida.

Literacia da informação, ou competência em informação, refere-se à capacidade de localizar, avaliar, utilizar e comunicar efetivamente informações de diversas fontes. Abrange as habilidades e competências necessárias para navegar na vasta quantidade de informações disponíveis na era digital atual.

A literacia da informação envolve o pensamento crítico e a capacidade de determinar a credibilidade, relevância e precisão das informações. Inclui habilidades como realizar pesquisas eficazes, entender diferentes tipos de fontes, avaliar a confiabilidade das informações e sintetizar e aplicar as informações de maneira significativa.

Numa era em que a informação está prontamente acessível, mas frequentemente avassaladora, a literacia da informação é crucial. Ela capacita as pessoas a tomar decisões informadas, promove a aprendizagem ao longo da vida e lhes permite participar ativamente na sociedade. Ao desenvolver habilidades de literacia da informação, as pessoas podem navegar de forma eficaz nas complexidades do mundo digital e se tornar consumidores e criadores de informações criteriosos.

A Sociedade 5.0 é caracterizada por um fluxo constante de informações provenientes de diversas fontes. A literacia da informação capacita as pessoas a avaliar criticamente essas informações, identificar fontes confiáveis e tomar decisões embasadas em evidências.

A Sociedade 5.0 é dinâmica e está em constante evolução. A literacia da informação permite que as pessoas se atualizem e acompanhem as mudanças tecnológicas, compreendendo novas ferramentas, aplicativos e plataformas digitais.

Com o grande volume de informações disponíveis, a literacia da informação é essencial para identificar e combater a desinformação e as *fake news*. Pessoas com literacia da informação são mais capazes de discernir informações confiáveis, questionar fontes duvidosas e compartilhar informações precisas.

E por fim, e o mais importante, a literacia da informação desempenha um papel crucial na redução da exclusão digital. Ao adquirir habilidades de literacia da informação, as pessoas têm acesso a recursos e oportunidades digitais, possibilitando uma participação mais equitativa na Sociedade 5.0.

# 4. Transformações na economia

A Sociedade 5.0 traz transformações significativos na economia, tais como: transformação dos modelos de negócios, impulsionando a inovação e o empreendedorismo; surgimento de oportunidades de emprego em áreas emergentes, como Inteligência Artificial e robótica; estímulo ao desenvolvimento de *startups* e empresas de base tecnológica; aumento da eficiência produtiva com a automação e otimização dos processos; criação de novos mercados e produtos baseados em tecnologias avançadas; e melhoria da competitividade das empresas, permitindo uma maior expansão e alcance global.

## 4.1. A digitalização do mundo dos negócios

A digitalização do mundo dos negócios é um dos pilares da Sociedade 5.0. A transformação digital tem um impacto profundo e duradouro na forma como as empresas conduzem seus negócios e na vida dos consumidores. Além disso, a digitalização tem uma série de desafios, como a proteção de dados, a privacidade e a segurança da informação.

A digitalização permite que as empresas forneçam serviços e produtos de forma mais eficiente e personalizada, aproveitando as informações sobre os consumidores após o atendimento aos requisitos das leis de proteção de dados (LGPD – Brasil, GPDR – Europa, ...). Além disso, a digitalização ajuda a reduzir os custos e a aumentar a produtividade, além de permitir a automação de processos e a eliminação de tarefas manuais.

No entanto, a digitalização também apresenta desafios. Por exemplo, a proteção de dados é uma preocupação crescente, uma vez que cada vez mais informações são armazenadas e compartilhadas online. A privacidade também é um problema sério, já que as empresas coletam e utilizam informações pessoais para melhorar suas ofertas. Além disso, a segurança da informação é crucial, já que o roubo ou a perda de informações sensíveis pode ter graves consequências para as empresas e para os consumidores. Enfim, a digitalização do mundo dos negócios é uma questão complexa que requer uma abordagem cuidadosa e equilibrada.

A tecnologia tem desempenhado um papel importante na transformação da forma como as pessoas trabalham. Uma das mudanças significativas é a possibilidade de trabalhar em casa, utilizando a tecnologia para se comunicar e colaborar com colegas e clientes remotamente. Isso é conhecido como trabalho remoto ou home office. Através de dispositivos como computadores, smartphones e acesso à internet, as pessoas podem realizar suas tarefas profissionais sem a necessidade de estar fisicamente presentes em um escritório tradicional.

Além disso, a tecnologia também tem possibilitado o surgimento de ambientes compartilhados de trabalho, conhecidos como *coworkings*. Esses espaços são projetados para acomodar profissionais de diferentes áreas que desejam compartilhar o mesmo espaço físico de trabalho. Eles oferecem infraestrutura adequada, como mesas, cadeiras, acesso à internet, salas de reunião e serviços administrativos, permitindo que as pessoas trabalhem em um ambiente produtivo e colaborativo. Os coworkings são especialmente benéficos para profissionais autônomos, empreendedores e startups, que podem se beneficiar do networking e da troca de conhecimento com outros profissionais presentes no espaço.

Tanto o trabalho remoto quanto os espaços de *coworking* são impulsionados pela tecnologia, que viabiliza a comunicação e o compartilhamento de recursos de forma eficiente. Essas formas flexíveis de trabalho proporcionam mais liberdade e autonomia para as pessoas, eliminando barreiras geográficas e permitindo que elas conciliem melhor suas vidas pessoais e profissionais. Além disso, contribuem para a redução de custos operacionais para empresas e promovem a colaboração entre profissionais de diferentes áreas, estimulando a inovação e o crescimento.

## 4.2. O surgimento de novos modelos de negócios

Como pesquisadores do tema, é interessante observar a forma como a tecnologia está mudando a paisagem dos negócios. É notável o fenômeno de novos modelos de negócios que estão surgindo com a digitalização do mundo dos negócios. Estes novos modelos de negócios estão baseados em tecnologias avançadas e estão revolucionando a forma como as empresas operam e se relacionam com seus clientes.

Nos dias de hoje, empresas como a Amazon e a Uber são exemplos de novos modelos de negócios que surgiram com a digitalização. A Amazon revolucionou a forma como as pessoas compram produtos, oferecendo uma ampla gama de produtos e serviços online. A Uber, por sua vez, mudou a forma como as pessoas se locomovem, oferecendo soluções de transporte mais acessíveis e flexíveis.

Estes novos modelos de negócios têm impactado positivamente a economia, criando oportunidades de trabalho e aumentando a eficiência dos processos empresariais. No entanto, também trazem desafios como a disrupção de antigos modelos de negócios e a necessidade de se adaptar a estas mudanças. É importante destacar que o surgimento destes novos modelos de negócios é uma tendência que veio para ficar e que as empresas precisam estar cientes destas mudanças para se manter relevantes e competitivas no mercado.

Entre estes novos modelos de negócios temos a economia compartilhada e a economia circular.

Na economia compartilhada os recursos e ativos são compartilhados entre os usuários, em vez de possuí-los individualmente. Esse conceito surge como uma resposta à necessidade de otimizar o uso de recursos escassos e reduzir o impacto ambiental, ao mesmo tempo em que promove a eficiência e a colaboração. Na economia compartilhada, as pessoas têm a oportunidade de compartilhar bens, serviços e conhecimentos por meio de plataformas digitais, facilitando o acesso e o intercâmbio de recursos. Ainda é um conceito que precisa evoluir bastante, mas já temos alguns exemplos:

- Compartilhamento de carros: Plataformas como Uber, 99, inDrive, Lyft e BlaBlaCar permitem que as pessoas compartilhem caronas, reduzindo a necessidade de posse de um veículo próprio e diminuindo o tráfego nas cidades.

- Hospedagem compartilhada: Plataformas como Airbnb, Vrbo e HomeAway permitem que as pessoas compartilhem suas casas ou quartos com viajantes, oferecendo uma alternativa aos hotéis tradicionais e proporcionando experiências mais autênticas e personalizadas.
- *Coworking*: Espaços de trabalho compartilhados, como WeWork e Spaces, oferecem infraestrutura e serviços para profissionais independentes, *startups* e empresas, permitindo o compartilhamento de custos e a criação de uma comunidade colaborativa.
- Financiamento coletivo (*crowdfunding*): Plataformas como Catarse, Kickstarter e Indiegogo permitem que pessoas financiem projetos e ideias diretamente, proporcionando uma alternativa aos métodos tradicionais de captação de recursos.
- Compartilhamento de habilidades: Plataformas como GetNinjas, Workana, Fiverr, TaskRabbit e Freelancer permitem que as pessoas ofereçam seus serviços e habilidades em troca de remuneração, possibilitando o compartilhamento de talentos de forma mais flexível.

A economia compartilhada traz diversos benefícios, como a redução do desperdício, a maximização da utilização de recursos existentes, a criação de oportunidades de renda adicional, a promoção da sustentabilidade e o fortalecimento das comunidades locais. No entanto, também levanta questões relacionadas à regulamentação, à segurança, à privacidade e aos direitos trabalhistas, exigindo um equilíbrio entre inovação e proteção dos usuários.

No contexto da Sociedade 5.0, a economia compartilhada desempenha um papel importante ao permitir a criação de um sistema econômico mais eficiente, inclusivo e sustentável. Ao incentivar a colaboração e o uso inteligente dos recursos, contribui para a melhoria da qualidade de vida, a redução do consumo excessivo e o desenvolvimento de comunidades mais conectadas e resilientes.

A economia circular é um modelo econômico e de produção que busca maximizar o uso de recursos, minimizar resíduos e prolongar a vida útil dos produtos. Ela se baseia na ideia de que os recursos são limitados e devem ser utilizados de forma eficiente e sustentável.

Na Sociedade 5.0, onde a sustentabilidade ambiental é um pilar fundamental, a economia circular desempenha um papel importante ao promover a utilização eficiente de recursos naturais, reduzir o desperdício e minimizar os impactos ambientais negativos.

Algumas formas como a economia circular podem contribuir para a Sociedade 5.0 incluem:

- Design sustentável: A economia circular incentiva o desenvolvimento de produtos projetados para serem duráveis, reparáveis e recicláveis. Isso reduz a demanda por novos recursos e minimiza a quantidade de resíduos gerados.
- Reutilização e reciclagem: A economia circular promove a reutilização de produtos e materiais, bem como a reciclagem de componentes e materiais descartados. Isso reduz a extração de recursos naturais e diminui a necessidade de eliminar resíduos em aterros sanitários.
- Modelos de negócios circulares: A economia circular estimula a adoção de modelos de negócios baseados em serviços, compartilhamento e aluguel, em vez de propriedade e descarte. Esses modelos visam prolongar a vida útil dos produtos, incentivando a manutenção, reparação e atualização, em vez da compra de novos itens.
- Eficiência energética e de recursos: A economia circular busca otimizar o uso de energia e recursos em processos produtivos, minimizando perdas e maximizando a eficiência. Isso resulta em redução de custos, menor

demanda por recursos naturais e menor emissão de gases de efeito estufa.

Ao incorporar os princípios da economia circular, a Sociedade 5.0 pode promover uma abordagem mais sustentável, eficiente e consciente dos recursos naturais, avançando em direção a uma economia mais regenerativa e resiliente.

## 4.3. Transformações no trabalho na Sociedade 5.0

A Sociedade 5.0 está trazendo uma série de mudanças no mercado de trabalho, impulsionadas pela evolução tecnológica. Ao longo dos últimos anos, as ferramentas digitais têm ajudado a transformar a forma como as empresas operam, e isso está refletindo diretamente no trabalho das pessoas. Enquanto a tecnologia traz novas oportunidades, também é preciso considerar as questões sociais e éticas envolvidas nesse processo de mudança, para garantir que todos tenham acesso a um trabalho digno e sustentável.

De um lado, a automação e a robótica têm levado à eliminação de trabalhos repetitivos, enquanto a Inteligência Artificial (IA) e a nuvem estão permitindo a colaboração remota e a ampliação das capacidades humanas. Essas tecnologias estão mudando o perfil dos trabalhos existentes e criando empregos em áreas como ciência de dados, segurança cibernética e desenvolvimento de software.

Máquinas e algoritmos podem realizar essas tarefas de forma mais eficiente e precisa. No entanto, é importante destacar que a automação geralmente não substitui totalmente os empregos, mas sim transforma as tarefas que os compõem. Novas habilidades e conhecimentos podem ser necessários para trabalhar em conjunto com a tecnologia.

À medida que as empresas adotam tecnologias emergentes, como IA, análise de dados, Internet das Coisas (IoT), Realidade Virtual (RV) e Realidade Aumentada (AR), surgem novas demandas por habilidades especializadas. Profissões relacionadas à programação, análise de dados, cibersegurança, desenvolvimento de aplicativos, gerenciamento de projetos tecnológicos e muitas outras podem se tornar mais relevantes e procuradas.

Os trabalhadores necessitam que adquiram novas habilidades e se adaptem às mudanças tecnológicas. A necessidade de *reskilling* e *upskilling* se tornará cada vez mais importante para acompanhar o ritmo da evolução tecnológica. Aqueles que se mantêm atualizados com as habilidades exigidas pela tecnologia têm maiores chances de se beneficiar das oportunidades de emprego geradas.

A IA pode eliminar algumas tarefas repetitivas e rotineiras, permitindo que as pessoas se concentrem em atividades mais complexas e criativas. Isso pode levar a uma redistribuição do trabalho, com menos tempo gasto em tarefas de baixo valor agregado e mais tempo dedicado a tarefas que exigem habilidades humanas exclusivas, como pensamento crítico, resolução de problemas complexos e interação social.

No entanto, a redução da carga horária de trabalho depende de fatores sociais, culturais e políticos, além do avanço tecnológico. A implementação de políticas e estratégias que promovam uma maior equidade e qualidade de vida, como jornadas de trabalho mais flexíveis e melhores condições de trabalho, pode ser necessária para que as pessoas possam desfrutar dos benefícios do uso da IA em termos de tempo livre e equilíbrio entre vida pessoal e profissional. Empresas em vários países já fizeram experimentos com a redução da jornada de trabalho para 30 horas ou 4 dias por semana com a confirmação de que há aumento na produtividade e na qualidade de vida das pessoas. Atualmente uma organização internacional que desenvolve estas pesquisas está realizando experimentos com empresas no Brasil.

De outro lado, a globalização e a digitalização estão promovendo uma mudança nas relações de trabalho popularizando o modelo de negócios baseado em plataformas, como o Uber e o Airbnb. Esse cenário está trazendo novas oportunidades de trabalho, mas também está criando desafios para a regulamentação e a proteção dos direitos trabalhistas.

## 4.4. Novas oportunidades em áreas emergentes

É provável que as inovações tecnológicas no futuro próximo também tenham impactos na eliminação ou transformação de algumas profissões e atividades, assim como ocorreu no passado com os computadores e outras inovações. A automação, a Inteligência Artificial e outras tecnologias disruptivas têm o potencial de substituir tarefas repetitivas, manuais ou baseadas em regras, tornando algumas funções obsoletas.

O surgimento de oportunidades de emprego em áreas emergentes, como Inteligência Artificial (IA) e robótica, é uma das principais características da Sociedade 5.0. Essas tecnologias têm o potencial de transformar diversos setores da economia e criar demanda por profissionais qualificados.

No entanto, é importante ressaltar que, historicamente, as inovações tecnológicas também criaram oportunidades e impulsionaram o surgimento de novas profissões. À medida que certas tarefas são automatizadas, novas demandas e necessidades surgem, criando espaço para o desenvolvimento de habilidades e ocupações emergentes.

É fundamental que os profissionais estejam preparados para se adaptar e aprender continuamente, adquirindo novas competências e se reinventando em meio às mudanças tecnológicas. A Sociedade 5.0 requer uma abordagem de aprendizado ao longo da vida, em que os indivíduos buscam atualizar suas habilidades e conhecimentos para se manterem relevantes em um ambiente em constante evolução.

Além disso, é importante destacar que, embora algumas funções possam ser automatizadas, há certas habilidades humanas, como criatividade, pensamento crítico, empatia e habilidades sociais, que são difíceis de serem replicadas por máquinas. Portanto, é provável que surjam novas oportunidades em áreas que requerem essas habilidades distintamente humanas.

A IA generativa, por exemplo, bastante em voga atualmente, como o Chat GPT (*Generative Pre-Trained Transformer*, transformador pré-treinado generativo em tradução livre), como modelo de linguagem baseado em IA, é capaz de gerar respostas e textos com base em uma grande quantidade de dados de treinamento e algoritmos complexos. Mas a capacidade de gerar respostas criativas está relacionada à capacidade de compreender o contexto e as informações fornecidas, bem como de combinar palavras, frases e conceitos de maneiras que possam ser consideradas criativas. No entanto, esta capacidade de gerar respostas criativas é diferente da capacidade humana. Embora a IA possa fornecer respostas únicas e surpreendentes, essas respostas são baseadas em padrões e informações pré-existentes nos dados de treinamento da IA. Ou seja, a IA não tem a capacidade de experiências pessoais, emoções ou julgamentos próprios, como um ser humano. A criatividade humana é um fenômeno complexo que envolve uma série de fatores, como a capacidade de imaginação, pensamento abstrato, intuição, experiência pessoal e emoções. Esses elementos são fundamentais para a criação de novas ideias, conceitos e obras originais.

Com o avanço dessas tecnologias, surgem novas oportunidades de emprego em áreas como:

- Desenvolvimento de algoritmos e modelos de IA: Profissionais capacitados para criar e aprimorar algoritmos de aprendizado de máquina e modelos de IA são essenciais para impulsionar a inovação nesse campo.
- Engenharia de dados: A coleta e o processamento de grandes volumes de dados são fundamentais para treinar e alimentar os modelos de IA. Especialistas em engenharia de dados são responsáveis por criar sistemas de armazenamento, processamento e análise eficientes.
- Especialistas em ética de IA: Com o aumento do uso da IA, surge a necessidade de profissionais que possam abordar questões éticas e legais relacionadas à sua aplicação, como privacidade, viés algorítmico e responsabilidade.
- Implementação de sistemas de IA: Profissionais capazes de implementar sistemas de IA em diferentes setores, como saúde, finanças, transporte e manufatura, têm a oportunidade de desenvolver soluções inovadoras e melhorar a eficiência dos processos.
- Engenheiros de robótica: Profissionais especializados em projetar, desenvolver e programar robôs para diferentes aplicações, como manufatura, assistência médica, logística e agricultura.
- Manutenção e suporte de robôs: À medida que o número de robôs em operação aumenta, cresce a demanda por profissionais que possam realizar a manutenção, reparo e suporte técnico desses sistemas.
- Integração de robôs em processos industriais: Profissionais capazes de integrar robôs em linhas de produção e otimizar a interação entre humanos e máquinas são essenciais para impulsionar a automação industrial.

É importante ressaltar que, além das habilidades técnicas específicas nessas áreas emergentes, habilidades como pensamento crítico, resolução de problemas, criatividade e colaboração também são valorizadas. A Sociedade 5.0

oferece um cenário de rápido desenvolvimento e oportunidades de emprego dinâmicas, onde profissionais capacitados podem se destacar e contribuir para o avanço tecnológico e econômico.

A transição para a Sociedade 5.0 exigirá uma abordagem cuidadosa para garantir que os benefícios da tecnologia sejam equitativamente distribuídos e que ninguém seja abandonado. Isso envolve investimentos em educação, programas de requalificação, políticas de apoio à transição de carreira e a promoção de uma cultura de aprendizado e adaptabilidade.

Portanto, embora seja possível que algumas profissões sejam afetadas pelas inovações tecnológicas no futuro próximo, também há a expectativa de que novas oportunidades de emprego e carreira surjam, desde que estejamos preparados para abraçar a mudança e desenvolver habilidades relevantes para a nova era tecnológica.

## 4.5. Desenvolvimento de novos mercados e produtos baseados em tecnologias avançadas

A Sociedade 5.0 proporciona um ambiente propício para a criação de novos mercados, impulsionando o desenvolvimento de startups e produtos baseados em tecnologias avançadas. Essa abordagem se baseia na ideia de que a convergência entre a tecnologia e a sociedade pode abrir espaço para soluções inovadoras e disruptivas, que atendam às necessidades emergentes.

Com o avanço das tecnologias como Inteligência Artificial, Internet das Coisas (IoT), robótica e *blockchain*, surgem oportunidades para a criação de produtos e serviços que antes eram inimagináveis. Essas tecnologias permitem o desenvolvimento de soluções inteligentes, conectadas e eficientes, que transformam setores como saúde, transporte, energia, agricultura, educação e muito mais.

*Startups* e empreendedores têm um papel fundamental nesse cenário, pois possuem a flexibilidade e a mentalidade necessárias para identificar oportunidades de mercado e criar soluções inovadoras. Eles podem aproveitar as tecnologias avançadas para desenvolver produtos e serviços que atendam às demandas da Sociedade 5.0, abrindo caminho para a criação de novos mercados.

A Sociedade 5.0 também estimula a colaboração entre diferentes atores, como startups, grandes empresas, governos e academia. Essa colaboração pode resultar em parcerias estratégicas, investimentos e programas de aceleração, que impulsionam o desenvolvimento e a escalabilidade das startups.

Além disso, a Sociedade 5.0 incentiva a experimentação e a exploração de novos modelos de negócios. *Startups* e empresas podem adotar abordagens inovadoras, como a economia compartilhada, modelos de assinatura, serviços sob demanda e plataformas digitais, para atender às necessidades e desejos dos consumidores de forma mais eficiente e personalizada.

Ao estimular o desenvolvimento de startups e produtos baseados em tecnologias avançadas, a Sociedade 5.0 impulsiona a inovação, a competitividade e o crescimento econômico. Novos mercados são criados, novos empregos são gerados e a sociedade como um todo se beneficia do progresso tecnológico e das soluções disruptivas que surgem.

## 4.6. Aumento da eficiência produtiva

A Sociedade 5.0 impulsiona o aumento da eficiência produtiva por meio da automação e otimização dos processos. Com o avanço das tecnologias como a Inteligência Artificial, a robótica e a automação industrial, as empresas podem melhorar a qualidade, a velocidade e a precisão de suas operações, reduzindo custos e aumentando a produtividade.

A automação de tarefas repetitivas e de baixo valor agregado permite que os recursos humanos se concentrem em atividades mais estratégicas, criativas e complexas. Isso resulta em uma utilização mais eficiente dos recursos, além de liberar o potencial humano para trabalhos que exigem habilidades específicas, criatividade e capacidade de adaptação.

A otimização dos processos também desempenha um papel importante na Sociedade 5.0. Por meio da coleta e análise de dados em tempo real, as empresas podem identificar gargalos, identificar oportunidades de melhoria e tomar decisões mais embasadas. Isso leva a uma melhor gestão da cadeia de suprimentos, redução de desperdícios, aumento da qualidade e da eficiência operacional.

Com o aumento da eficiência produtiva, as empresas podem se tornar mais competitivas no mercado global. Elas podem oferecer produtos e serviços de maior qualidade, com preços mais competitivos e prazos de entrega mais curtos. Isso as torna mais atraentes para os consumidores, tanto em seu mercado local quanto em mercados internacionais.

A melhoria da competitividade das empresas é crucial para sua expansão e alcance global. Com processos mais eficientes e produtos de maior qualidade, as empresas podem conquistar novos mercados, ampliar sua base de clientes e fortalecer sua posição no cenário global. A Sociedade 5.0, ao incentivar a adoção de tecnologias avançadas e a otimização dos processos, impulsiona a competitividade das empresas e contribui para seu crescimento e sucesso.

# 5. Impactos na vida urbana

A Sociedade 5.0 traz impactos significativos para a vida urbana, promovendo cidades mais inteligentes, sustentáveis, participativas e resilientes. Essas transformações visam melhorar a qualidade de vida dos cidadãos e criar ambientes urbanos mais eficientes, inclusivos e conectados.

## 5.1. Cidades inteligentes

Cidades inteligentes, também conhecidas como *smart cities*, são áreas urbanas que utilizam tecnologias e infraestruturas avançadas para melhorar a qualidade de vida dos seus habitantes, aumentar a eficiência dos serviços urbanos e promover o desenvolvimento sustentável. Atualmente há inúmeras iniciativas e projetos piloto de cidades inteligentes em todo o mundo.

Essas cidades empregam tecnologias digitais para coletar e analisar dados em tempo real, permitindo uma gestão mais eficiente dos recursos e serviços urbanos.

Para se tornarem cidades inteligentes, é necessário um planejamento urbano integrado, o uso de infraestruturas tecnológicas avançadas e a colaboração entre governos, setor privado, academia e cidadãos. O objetivo final é criar cidades mais sustentáveis, conectadas, eficientes e inclusivas, que atendam às necessidades dos cidadãos e proporcionem uma alta qualidade de vida.

Os principais objetivos das cidades inteligentes, principais nas grandes cidades, são: otimizar o consumo de energia, mobilidade mais inteligente e sustentável, uso da tecnologia para melhorar a interação entre governo e cidadãos, mais qualidade de vida (segurança, saúde, educação, lazer e cultura), sustentabilidade ambiental e estímulo à pesquisa, inovação e empreendedorismo.

Ou seja, estes objetivos são muito similares aos da Sociedade 5.0. No entanto, o conceito da Sociedade 5.0 é mais amplo do que o conceito de cidades inteligentes. Enquanto as cidades inteligentes têm como foco a aplicação de tecnologias avançadas nas áreas urbanas, a Sociedade 5.0 engloba uma transformação mais ampla e profunda em todos os aspectos da sociedade. Assim, muitos dos impactos na vida urbana descritos neste capítulo também são ações planejadas para cidades inteligentes.

A Sociedade 5.0 busca integrar de forma harmoniosa a tecnologia e a humanidade, aproveitando o potencial das inovações tecnológicas para resolver problemas sociais, econômicos e ambientais. Além das cidades inteligentes, a Sociedade 5.0 também engloba outros setores, como educação, saúde, indústria, agricultura, transporte e governança.

Enquanto as cidades inteligentes focam principalmente no ambiente urbano, a Sociedade 5.0 busca criar uma sociedade mais inteligente, conectada e inclusiva em nível nacional e até global. Ela visa melhorar a qualidade de vida das pessoas em todas as áreas geográficas, promovendo a sustentabilidade, a inovação, a igualdade de oportunidades e a participação cidadã.

A Sociedade 5.0 reconhece que as tecnologias avançadas têm o potencial de transformar não apenas as cidades, mas também as comunidades rurais, as regiões menos desenvolvidas e até mesmo as nações inteiras. Ela busca integrar esses avanços tecnológicos de forma equitativa, garantindo que todos os indivíduos tenham acesso igualitário aos benefícios proporcionados pela Sociedade 5.0.

## 5.2. Mobilidade urbana

A mobilidade urbana é um dos aspectos-chave abordados na Sociedade 5.0. Para enfrentar os desafios da urbanização e melhorar a qualidade de vida nas cidades, é fundamental repensar a forma como nos deslocamos dentro delas. Aqui estão algumas considerações relevantes sobre mobilidade na Sociedade 5.0:-

A Sociedade 5.0 promove a melhoria e a expansão do transporte público, com o objetivo de oferecer alternativas viáveis e atraentes ao uso do carro particular. Isso inclui sistemas de transporte integrados, como metrôs, ônibus e bicicletas compartilhadas, bem como a implementação de tecnologias inteligentes para monitorar e otimizar a operação desses sistemas visando reduzir a poluição e o congestionamento nas grandes cidades.

A mobilidade urbana na Sociedade 5.0 é caracterizada pela integração de diferentes modos de transporte. Isso inclui a criação de *hubs* de transporte que facilitam a transição suave entre diferentes meios de locomoção, como metrôs, ônibus, bicicletas e caminhadas. A tecnologia desempenha um papel fundamental ao fornecer informações em tempo real sobre as opções de transporte disponíveis, permitindo que os usuários façam escolhas informadas.

A mobilidade urbana na Sociedade 5.0 é centrada nas necessidades das pessoas. Isso significa que o planejamento urbano deve priorizar o desenho de espaços acessíveis, seguros e agradáveis para pedestres e ciclistas. Calçadas bem projetadas, ciclovias separadas e espaços públicos atrativos são elementos essenciais para promover a mobilidade sustentável e a interação social.

A coleta e análise de dados desempenham um papel crucial na mobilidade urbana na Sociedade 5.0. As informações geradas pelos dispositivos conectados, sensores e sistemas de transporte inteligente podem ser utilizadas para compreender os padrões de deslocamento, identificar áreas de congestionamento, planejar rotas eficientes e tomar decisões embasadas para melhorar a mobilidade urbana como um todo.

Em resumo, a mobilidade urbana na Sociedade 5.0 busca oferecer soluções inovadoras, sustentáveis e centradas nas pessoas para os desafios enfrentados nas cidades. Ao repensar a forma como nos movemos e incorporar tecnologias avançadas, podemos criar sistemas de transporte mais eficientes, acessíveis e amigáveis ao meio ambiente, melhorando assim a qualidade de vida nas áreas urbanas.

## 5.3. Infraestrutura inteligente

A infraestrutura inteligente na Sociedade 5.0 busca transformar as cidades em espaços mais eficientes, sustentáveis e conectados. Consiste na aplicação de tecnologias avançadas para melhorar a qualidade e a gestão dos serviços e recursos urbanos.

Ainda a infraestrutura inteligente busca otimizar o consumo e a geração de energia nas cidades. Isso envolve a implementação de sistemas de iluminação pública inteligente, que se ajustam às condições ambientais e à demanda, e a adoção de redes elétricas inteligentes, que permitem o monitoramento e o controle mais eficientes da distribuição de energia.

Porém uma infraestrutura inteligente inclui soluções para melhorar o gerenciamento de resíduos urbanos. Isso envolve a implantação de sistemas de coleta inteligente, com contêineres equipados com sensores que indicam quando estão cheios, otimizando as rotas de coleta e reduzindo os custos e a emissão de poluentes.

Com a adoção de infraestrutura inteligente que utiliza sensores e tecnologias de monitoramento para acompanhar o estado das estruturas urbanas, como pontes, rodovias e edifícios. Esses sistemas permitem identificar precocemente problemas de manutenção e realizar intervenções antes que ocorram danos significativos, aumentando a segurança e a durabilidade das infraestruturas.

Além disso a infraestrutura inteligente busca melhorar a mobilidade urbana por meio de soluções tecnológicas avançadas. Isso inclui a implementação de sistemas de gestão de tráfego inteligente, que monitoram o fluxo de veículos e ajustam os tempos dos semáforos em tempo real para otimizar o fluxo de tráfego. Além disso, envolve a criação de estacionamentos inteligentes, com sensores que indicam a disponibilidade de vagas, facilitando a busca por estacionamento.

Ao mesmo tempo infraestrutura inteligente promove a conectividade e o acesso à informação em áreas urbanas. Isso envolve a implementação de redes de fibra óptica, pontos de acesso Wi-Fi públicos e a disponibilização de dados abertos, permitindo que os cidadãos tenham acesso a informações relevantes sobre a cidade e utilizem aplicativos e serviços digitais para melhorar sua experiência urbana.

Outrossim a infraestrutura inteligente também busca aumentar a resiliência das cidades, tornando-as mais preparadas para lidar com desafios e eventos adversos, como desastres naturais e mudanças climáticas. Isso envolve o desenvolvimento de sistemas de alerta precoce, sistemas de monitoramento de enchentes e a implementação de soluções de infraestrutura que possam resistir a eventos extremos.

No geral, a infraestrutura inteligente visa criar cidades mais eficientes, sustentáveis e conectadas, melhorando a qualidade de vida dos cidadãos, impulsionando o desenvolvimento econômico e promovendo a preservação dos recursos naturais.

## 5.4. Gestão eficiente dos recursos

A gestão eficiente dos recursos é um aspecto fundamental na Sociedade 5.0, buscando otimizar o uso e a conservação dos recursos naturais e energéticos.

A Sociedade 5.0 incentiva a transição para fontes de energia limpa e renovável, como a solar, eólica e biomassa. Além disso, promove a eficiência energética por meio do uso de tecnologias avançadas, como iluminação LED, sistemas de aquecimento e resfriamento eficientes e o monitoramento do consumo energético em tempo real.

A gestão eficiente dos recursos hídricos é uma prioridade na Sociedade 5.0. Isso envolve o uso de tecnologias para monitorar o consumo de água, detectar vazamentos e promover o uso responsável. Além disso, são aplicadas soluções de uso e reciclagem de água, sistemas de irrigação inteligente e a conscientização da população sobre a importância da conservação.

A Sociedade 5.0 busca reduzir a geração de resíduos e promover sua correta separação, reciclagem e tratamento. São adotadas tecnologias avançadas para a coleta seletiva, como contêineres inteligentes que indicam o tipo de resíduo depositado, além de sistemas de reciclagem automatizados. Também são implementadas políticas de educação e conscientização da população sobre a importância da redução e do reaproveitamento de resíduos.

A gestão eficiente dos recursos também inclui a adoção de práticas que visam reduzir o consumo de materiais e promover sua reutilização. São incentivadas a economia circular e a substituição de materiais poluentes por alternativas mais sustentáveis. Além disso, são aplicadas tecnologias de monitoramento e controle de estoques para evitar desperdícios e garantir o uso eficiente dos recursos materiais.

No entanto para a gestão eficiente dos recursos na agricultura é essencial para garantir a segurança alimentar e a sustentabilidade. A Sociedade 5.0 promove a adoção de práticas agrícolas sustentáveis, como o uso de sistemas de irrigação eficientes, agricultura vertical e tecnologias avançadas de monitoramento das culturas. Além disso, são incentivados modelos de produção e consumo de alimentos mais sustentáveis, como a agricultura urbana e o desenvolvimento de cadeias de suprimentos mais eficientes.

Além disso, a gestão eficiente dos recursos na Sociedade 5.0 se baseia na coleta e análise de dados para identificar padrões de consumo, otimizar processos e tomar decisões embasadas. Através de sensores e dispositivos conectados, é possível monitorar o uso de recursos em tempo real e identificar oportunidades de eficiência e conservação.

Então, a gestão eficiente dos recursos na Sociedade 5.0 não apenas contribui para a preservação do meio ambiente, mas também promove a sustentabilidade econômica e o bem-estar social. É uma abordagem integrada que visa equilibrar o desenvolvimento humano com a preservação dos recursos naturais, construindo um futuro mais sustentável e resiliente.

## 5.5. Qualidade de vida

A Sociedade 5.0 busca melhorar significativamente a qualidade de vida das pessoas de várias formas, aproveitando as tecnologias avançadas e inovadoras.

Na saúde e bem-estar com soluções de saúde digital, telemedicina e monitoramento remoto, é possível oferecer cuidados médicos mais acessíveis e personalizados. Isso permite o acompanhamento contínuo da saúde das pessoas, prevenção de doenças e intervenções mais eficazes.

Na mobilidade com a promoção de opções de transporte sustentáveis, como veículos elétricos e compartilhamento de carros, reduzindo a poluição do ar e o congestionamento, melhorando a qualidade do ar e a eficiência dos deslocamentos.

Na habitação com o desenvolvimento de edifícios e residências inteligentes, com sistemas de automação residencial, monitoramento de energia e gerenciamento de resíduos, contribuindo para a eficiência energética e o conforto dos moradores.

Na educação com plataformas educacionais online, aprendizado personalizado e recursos interativos que permitam uma educação mais acessível, atualizada e adaptada às necessidades individuais dos estudantes.

Ou seja, através da integração de tecnologia e humanidade é possível impulsionar o bem-estar das pessoas, promover a sustentabilidade e resolver desafios sociais e econômicos para construir um futuro mais harmonioso e próspero.

No entanto, para que estes avanços acontecem é necessária a participação ativa dos cidadãos na tomada de decisões e na cocriação de soluções. Plataformas digitais e aplicativos facilitarão o engajamento cívico, a colaboração e a transparência nas políticas públicas.

## 5.6. Participação cidadã

A promoção da participação ativa dos cidadãos na tomada de decisões urbanas, através de plataformas digitais e ferramentas colaborativas, visa uma governança mais transparente, inclusiva e também a participação ativa de todos no desenvolvimento de soluções para os desafios enfrentados pela sociedade.

Através de plataformas digitais, aplicativos móveis e redes sociais, os cidadãos podem se engajar de forma mais direta e fácil com questões de interesse público, expressando suas opiniões, compartilhando ideias e participando de discussões.

A Sociedade 5.0 valoriza a colaboração entre cidadãos, empresas, governos e academia. Os cidadãos são incentivados a contribuir com suas perspectivas e conhecimentos para o desenvolvimento de soluções inovadoras, que atendam às necessidades da comunidade.

Através da disponibilização de dados abertos e informações transparentes, os cidadãos têm acesso às informações necessárias para compreender as políticas públicas, tomar decisões informadas e monitorar o desempenho das instituições.

Através de consultas públicas, audiências e mecanismos de participação, os cidadãos têm a oportunidade de contribuir ativamente para a definição de políticas, programas e projetos que afetam suas vidas.

A Sociedade 5.0 busca capacitar os cidadãos, fornecendo-lhes as ferramentas e habilidades necessárias para se envolverem de forma efetiva nas decisões que impactam seu bem-estar e o desenvolvimento da sociedade como um todo.

A participação cidadã também inclui o papel de fiscalizar as ações do governo e das instituições, exigindo transparência, ética e responsabilidade na gestão dos recursos públicos.

Ao promover a participação cidadã, a Sociedade 5.0 visa fortalecer a democracia, ampliar a inclusão e garantir que os interesses e necessidades de todos os membros da sociedade sejam considerados e atendidos. Isso cria um ambiente de governança mais transparente, responsável e democrático, onde os cidadãos se tornam protagonistas ativos na construção de um futuro sustentável e equitativo.

# 6. Preparação para o futuro

A Sociedade 5.0 é uma era que promete mudanças profundas no modo como vivemos e trabalhamos. Como sociedade, devemos nos preparar para este futuro incerto, para que possamos aproveitar ao máximo suas oportunidades e minimizar seus desafios. Neste capítulo, exploraremos algumas das ações que podemos tomar para nos prepararmos para a Sociedade 5.0.

## 6.1.  Como se preparar para a Sociedade 5.0

O combate ao analfabetismo digital na Sociedade 5.0 tem um impacto significativo na inclusão social, empregabilidade e acesso a serviços essenciais. A capacitação digital desempenha um papel fundamental na melhoria da empregabilidade, uma vez que as habilidades digitais são cada vez mais exigidas no mercado de trabalho atual.

Na Sociedade 5.0, impulsionada pela tecnologia e pela transformação digital, as organizações estão cada vez mais adotando ferramentas e sistemas digitais para otimizar processos, aumentar a eficiência e impulsionar a inovação. Isso cria uma demanda crescente por profissionais com habilidades digitais, como conhecimento em tecnologia da informação, Inteligência Artificial e análise de dados. Aqueles que possuem essas habilidades têm uma vantagem competitiva na busca por empregos em setores em crescimento, além de poderem se adaptar melhor às mudanças tecnológicas em curso.

Por outro lado, a falta de habilidades digitais pode limitar as oportunidades de emprego, especialmente em setores em rápido desenvolvimento, onde a demanda por profissionais qualificados é alta. Aqueles que não possuem habilidades digitais correm o risco de ficarem excluídos das oportunidades de trabalho, enfrentando dificuldades para competir no mercado de trabalho atual.

Além disso, o acesso equitativo à tecnologia e aos recursos digitais desempenha um papel crucial na redução da divisão digital e na promoção da inclusão social. A falta de acesso à tecnologia aprofunda as desigualdades existentes, pois impede que certos grupos tenham acesso aos benefícios e oportunidades que a era digital oferece. Isso cria uma disparidade digital entre aqueles que têm acesso a recursos digitais e aqueles que não têm.

Essa divisão digital pode afetar o acesso a serviços essenciais, como saúde, educação e serviços governamentais. Muitas vezes, esses serviços estão se tornando digitalizados, o que requer que as pessoas tenham habilidades e acesso à tecnologia para usá-los efetivamente. A falta de acesso à tecnologia e a habilidades digitais adequadas podem deixar as pessoas em situação de vulnerabilidade, impedindo-as de usufruir desses serviços essenciais.

Para combater o analfabetismo digital e reduzir a divisão digital, é fundamental implementar políticas e iniciativas que garantam o acesso universal e igualitário à tecnologia. Isso inclui a disponibilidade de infraestrutura digital, como internet de alta velocidade, em áreas rurais e urbanas, bem como a distribuição de dispositivos acessíveis.

Além disso, programas de capacitação digital devem ser implementados para fornecer às pessoas as habilidades necessárias para se adaptarem à Sociedade 5.0. Esses programas podem incluir treinamentos em habilidades básicas de informática, alfabetização digital, programação e outras competências digitais relevantes para o mercado de trabalho.

Por fim, é crucial desenvolver habilidades sociais e emocionais, como empatia, resiliência e capacidade de se comunicar e trabalhar com pessoas de diferentes backgrounds. Estas habilidades serão valorizadas na Sociedade 5.0, onde as relações humanas e a diversidade serão mais importantes do que nunca. Além disso, é fundamental desenvolver uma mentalidade aberta e curiosa, para que possamos aproveitar ao máximo as oportunidades e desafios da Sociedade 5.0.

## 6.2. Desenvolvendo habilidades e competências para o futuro

A Sociedade 5.0 está exigindo novos conjuntos de habilidades e competências para se preparar para o futuro. À medida que as tecnologias avançam e o mundo dos negócios evolui, é importante que as pessoas estejam preparadas para enfrentar esses desafios. O desenvolvimento de habilidades e competências para o futuro requer uma abordagem constante e metódica.

Para se preparar para a Sociedade 5.0, é importante ter uma combinação de habilidades técnicas e interpessoais. As habilidades técnicas incluem o conhecimento de tecnologias de ponta, tais como Inteligência Artificial e computação em nuvem, além de programação e design. Por outro lado, as habilidades interpessoais, tais como comunicação e trabalho em equipe, são igualmente importantes.

Com as rápidas mudanças e complexidades da Sociedade 5.0, o pensamento crítico e a capacidade de resolver problemas de forma eficaz são fundamentais. Isso envolve a capacidade de analisar informações, tomar decisões informadas, identificar e resolver problemas de forma criativa, e adaptar-se rapidamente a novas situações.

A capacidade de pensar de forma criativa e gerar novas ideias é essencial em uma sociedade impulsionada pela tecnologia. A inovação é um fator chave para enfrentar os desafios e aproveitar as oportunidades que surgem. Isso envolve a habilidade de pensar fora da caixa, abraçar a experimentação e buscar soluções inovadoras para problemas complexos.

A Sociedade 5.0 coloca um forte foco no ser humano, buscando melhorar a qualidade de vida das pessoas. Nesse contexto, as habilidades socioemocionais, como empatia, colaboração, comunicação eficaz e liderança, desempenham um papel fundamental. A inteligência emocional é especialmente importante para compreender e gerenciar emoções, trabalhar em equipe e promover a harmonia social.

Dada a rápida evolução da tecnologia e as mudanças constantes na Sociedade 5.0, é crucial adotar uma mentalidade de aprendizado contínuo. A capacidade de aprender e adquirir novos conhecimentos ao longo da vida é fundamental para se adaptar às mudanças e às novas demandas. Isso inclui a disposição para buscar novas habilidades, se atualizar constantemente e aproveitar as oportunidades de desenvolvimento pessoal e profissional.

Ainda, a Sociedade 5.0 levanta questões éticas e responsabilidades relacionadas ao uso da tecnologia avançada. É importante desenvolver um pensamento ético, compreendendo as implicações sociais, econômicas e ambientais das tecnologias e tomando decisões responsáveis. Isso envolve considerar os impactos de longo prazo, proteger a privacidade e segurança dos indivíduos e trabalhar para promover a inclusão e equidade social.

Então, desenvolver essas habilidades e competências, é fundamental investir em aprendizagem contínua e estar sempre aberto a novas ideias e conceitos. Esta abertura ao aprendizado pode ser alcançada através de cursos, programas de treinamento, voluntariado e outras atividades enriquecedoras. Além disso, é importante colaborar com outras pessoas para aprender uns com os outros e compartilhar conhecimento.

## 6.3. As perspectivas de carreira e emprego na Sociedade 5.0

A Sociedade 5.0 tem trazido inúmeras mudanças ao mundo dos negócios e do trabalho, impactando profundamente as perspectivas de carreira e emprego. Para entender essas transformações, é preciso analisar o contexto atual, marcado pela rápida evolução tecnológica e pela constante demanda por inovação.

Nesse cenário, as competências digitais se tornam cada vez mais relevantes e valorizadas, e as carreiras tradicionais podem dar lugar a novas profissões, que ainda nem foram imaginadas. Além disso, a automação de tarefas e a Inteligência Artificial criam possibilidades, mas também podem ameaçar a existência de determinados empregos.

É preciso estar atento e se preparar para essas mudanças, desenvolvendo habilidades e competências que possam ser aplicadas em diversos setores, e buscando se aperfeiçoar continuamente. A adaptabilidade e a capacidade de se reinventar são características valorizadas nesse novo contexto, e é preciso estar sempre aberto a aprender e a experimentar novas coisas. A Sociedade 5.0 apresenta desafios, mas também oferece muitas oportunidades, e é importante estar preparado para aproveitá-las.

Embora a automação possa substituir certos empregos, também pode abrir espaço para a criação de novas oportunidades de trabalho em áreas emergentes relacionadas à tecnologia, inovação e gestão. Além disso, existem muitas atividades que requerem habilidades exclusivamente humanas, como criatividade, empatia, tomada de decisão ética, resolução de problemas complexos e interação social, que não podem ser facilmente substituídas pela tecnologia.

*No futuro a tecnologia permitirá que as pessoas não precisem trabalhar? Teremos que ter uma forma de renda mínima para as pessoas não trabalharem?*

No futuro, é possível que a tecnologia avance a ponto de permitir uma redução significativa da necessidade de trabalho humano em certas áreas. O avanço da automação, da Inteligência Artificial e de outras tecnologias disruptivas tem o potencial de transformar a forma como as tarefas e os processos são realizados em diversos setores da economia.

Deixando de lado a visão futurista especulativa baseada exclusivamente em previsões sobre o desenvolvimento futuro da tecnologia, ainda há uma série de desafios e considerações que precisariam ser enfrentados para que possamos ficar liberados do trabalho tradicional.

Por exemplo, questões como a distribuição de renda, a redefinição do valor do trabalho, a adaptação das estruturas sociais e econômicas e a garantia de que a tecnologia seja acessível a todos são apenas alguns dos desafios complexos que precisariam ser abordados.

Quanto à renda mínima, é uma proposta que tem sido discutida em alguns países como uma forma de garantir uma base financeira para as pessoas, independentemente do trabalho que desempenham. Essa abordagem busca lidar com a possível escassez de empregos tradicionais devido à automação. A renda mínima universal ou garantida tem o objetivo de fornecer um suporte financeiro básico para atender às necessidades essenciais das pessoas e permitir que elas busquem atividades que vão além do trabalho remunerado.

A implementação de uma renda mínima universal é um assunto complexo e está sujeita a debates e considerações políticas, econômicas e sociais. Há argumentos a favor e contra essa abordagem, e seu sucesso depende de fatores como a disponibilidade de recursos financeiros, a adaptação do sistema econômico e a capacidade de garantir um equilíbrio adequado entre trabalho, bem-estar social e qualidade de vida.

Porém não devemos esquecer, se o caso de uma renda mínima teremos que ter a contrapartida da fonte do recurso. Sob este aspecto poderíamos ter que legislar que automações e/ou robôs sejam taxados para que contribuam na arrecadação do fundo necessário à renda mínima.

## 6.4. Plataformas colaborativas

As plataformas colaborativas desempenham um papel fundamental na Sociedade 5.0, sendo uma das principais impulsionadoras da economia compartilhada. Essas plataformas são sistemas digitais que conectam pessoas, empresas e recursos de forma colaborativa, facilitando a troca de bens, serviços e conhecimento.

Uma das principais características das plataformas colaborativas é a possibilidade de compartilhar recursos ociosos. Por exemplo, plataformas de carona compartilhada permitem que pessoas compartilhem seus veículos para deslocamentos, otimizando o uso dos automóveis e reduzindo o tráfego e a poluição nas cidades. Da mesma forma, plataformas de aluguel de espaços residenciais possibilitam que pessoas compartilhem suas casas ou quartos vazios, proporcionando opções de hospedagem mais acessíveis e criando oportunidades de renda extra.

Além do compartilhamento de recursos, as plataformas colaborativas também promovem a colaboração entre indivíduos e empresas. Por exemplo, plataformas de *crowdfunding* permitem que pessoas financiem projetos e iniciativas de forma coletiva, estimulando a criação de novas ideias e o empreendedorismo. Plataformas de coworking facilitam o compartilhamento de espaços de trabalho e promovem a interação entre profissionais de diferentes áreas, estimulando a troca de conhecimentos e oportunidades de negócios.

As plataformas colaborativas também desempenham um papel importante na inclusão e no acesso a serviços. Elas podem conectar pessoas em áreas remotas a serviços essenciais, como saúde e educação, por meio de soluções digitais. Além disso, essas plataformas podem permitir que pequenos empreendedores e profissionais autônomos ofereçam seus serviços de forma mais ampla, alcançando um público maior e ampliando suas oportunidades de negócios.

Na Sociedade 5.0, as plataformas colaborativas se tornam ferramentas poderosas para conectar pessoas, promover a colaboração, otimizar o uso de recursos e criar oportunidades. Elas incentivam a participação ativa dos cidadãos na economia, aumentam a eficiência dos processos e contribuem para a sustentabilidade e o bem-estar social. Ao promover a colaboração e a troca entre os membros da sociedade, as plataformas colaborativas desempenham um papel fundamental no desenvolvimento e no avanço da Sociedade 5.0.

As plataformas colaborativas podem ser utilizadas desde agora em diversos setores e áreas de atuação. No entanto, sua implementação pode encontrar algumas barreiras. Uma das principais é a resistência e regulamentação governamental, uma vez que as plataformas colaborativas muitas vezes desafiam os modelos tradicionais de negócios e podem enfrentar restrições legais ou regulatórias. Além disso, questões relacionadas à confiança e segurança dos usuários também podem ser um desafio, já que as transações ocorrem em um ambiente digital e é necessário garantir a proteção dos dados e a qualidade dos serviços oferecidos. Outra barreira é a adoção e familiaridade das pessoas com as plataformas, especialmente em comunidades e regiões onde o acesso à internet pode ser limitado ou o uso da tecnologia ainda é pouco difundido. Superar essas barreiras exigirá uma colaboração entre governos, empresas e sociedade civil para promover um ambiente favorável e educar os usuários sobre os benefícios e a segurança das plataformas colaborativas.

## 6.5. Desafios e questões éticas

A implementação da Sociedade 5.0 requer uma abordagem cuidadosa em relação aos desafios e questões éticas que surgem. Alguns desses desafios incluem:

- Privacidade e proteção de dados: garantir a segurança e privacidade das informações pessoais em um ambiente cada vez mais conectado, estabelecendo normas e regulamentações adequadas.

- Desigualdades digitais: mitigar a exclusão digital, garantindo que todos tenham acesso igualitário às tecnologias e oportunidades oferecidas pela Sociedade 5.0, para evitar aprofundar ainda mais as desigualdades sociais.

- Impacto no mercado de trabalho: enfrentar o desafio da automação e da substituição de empregos por tecnologias avançadas, exigindo a criação de programas de reciclagem e requalificação profissional para garantir a adaptação da força de trabalho.

- Ética na Inteligência Artificial: desenvolver e aplicar algoritmos e sistemas de IA de forma ética, garantindo a transparência, responsabilidade e imparcialidade, evitando discriminação e vieses.

- Segurança cibernética: proteger os sistemas e infraestruturas críticas contra ameaças cibernéticas, desenvolvendo medidas robustas de segurança para prevenir ataques e garantir a confiabilidade das redes.

- Impacto social: antecipar e abordar as consequências sociais da Sociedade 5.0, como mudanças nos valores culturais, na interação social e no papel do ser humano na sociedade, para garantir uma transição equilibrada e inclusiva.

A abordagem desses desafios e questões éticas deve ser feita de forma colaborativa, envolvendo governos, empresas, especialistas em tecnologia, acadêmicos e a sociedade civil, a fim de garantir que a Sociedade 5.0 seja implementada de maneira responsável, ética e benéfica para todos.

## 6.6. Como começar a mudança para Sociedade 5.0

Para iniciar a mudança em direção à Sociedade 5.0, algumas ações podem ser tomadas:

- Conscientização e compreensão: É essencial disseminar o conceito da Sociedade 5.0, seus benefícios e desafios, para criar uma compreensão ampla e uma base de apoio.

- Inclusão digital e capacitação: Para garantir que ninguém fique para trás, é necessário promover a inclusão digital e fornecer programas de capacitação para que as pessoas possam utilizar as tecnologias e aproveitar as oportunidades da Sociedade 5.0.

- Participação cidadã: Incentivar a participação ativa da sociedade civil na definição das diretrizes e na tomada de decisões relacionadas à implementação da Sociedade 5.0, garantindo a transparência e a inclusão de diversos pontos de vista.

- Políticas e regulamentações adequadas: Os governos devem desenvolver políticas e regulamentações que incentivem e promovam a implementação da Sociedade 5.0, garantindo a proteção dos direitos individuais, a privacidade e a segurança dos cidadãos.

- Investimento em pesquisa e desenvolvimento: É importante investir em pesquisa e desenvolvimento de tecnologias avançadas que impulsionem a Sociedade 5.0, como Inteligência Artificial, Internet das Coisas (IoT), big data e robótica.

- Parcerias público-privadas: A colaboração entre setores público e privado é crucial para impulsionar a inovação, compartilhar recursos e conhecimentos, e facilitar a implementação da Sociedade 5.0.

- Testes e projetos piloto: Realizar testes e projetos piloto em diferentes áreas, como saúde, transporte e energia, para avaliar a viabilidade e os impactos da implementação da Sociedade 5.0, antes de uma implantação em larga escala.

- Desenvolvimento de plataformas colaborativas: Desenvolver plataformas colaborativas para facilitar o compartilhamento de recursos ociosos, estimular a colaboração em projetos e iniciativas, promover a inclusão e o acesso a serviços, além de ampliar as oportunidades de negócios para empreendedores e profissionais autônomos.

Essas ações podem impulsionar a transição para a Sociedade 5.0, criando as bases para um futuro mais conectado, sustentável e centrado nas necessidades das pessoas.

# 7. Sociedade 5.0 sob a ótica dos autores

Exposto o fato de que a humanidade caminha para a Sociedade 5.0 será inevitável ao ser humano se adaptar a esta nova era e por consequência otimizar a sua qualidade de vida através do conjunto de ações interconectadas.

Em nosso estudo e reflexões podemos concluir que o grau do estágio de aplicação de alguma destas tecnologias mencionadas ou mesmo a interligação destas ainda está bastante incipiente em muitos países.

Se formos além e trouxermos o quanto o Brasil está alinhado a uma Sociedade 5.0, temos a comprovação dos abismos entre a distribuição e acesso a tecnologias entre os 5.568 municípios.

> *A sociedade 5.0 não avança no Brasil por causa do Estado ou o Estado no Brasil não avança com a Sociedade 5.0?*

A Sociedade 5.0 como um conglomerado mais humanizado pode trazer mais qualidade de vida.

> *O quanto a sociedade brasileira estaria disposta e em prontidão para participar de uma Sociedade 5.0?*

Se a tecnologia faz parte de uma sociedade como está a disponibilidade de internet de qualidade em áreas remotas, a necessidade de investimentos em infraestrutura digital e a capacitação da população para lidar com as novas tecnologias ainda é grande.

> *Como podemos avaliar o papel do Estado na promoção da Sociedade 5.0 no Brasil?*

Isso envolve políticas públicas que incentivem a adoção e o acesso às tecnologias, investimentos em infraestrutura e educação digital, bem como a criação de um ambiente regulatório favorável ao desenvolvimento e utilização de tecnologias avançadas.

É preciso discutir o nível de prontidão da população em adotar e aproveitar os benefícios dessa nova era tecnológica. Isso envolve conscientização, educação digital e inclusão digital para garantir que todos tenham a oportunidade de participar e se beneficiar das transformações promovidas pela Sociedade 5.0. Isso inclui avanços na saúde, mobilidade urbana, segurança, sustentabilidade e bem-estar. Explorar esses impactos positivos e destacar como a tecnologia pode contribuir para o desenvolvimento de uma sociedade mais humanizada e inclusiva é fundamental.

E por último os desafios éticos e sociais, como a privacidade dos dados, a segurança cibernética, a automação e o impacto nas relações de trabalho. É importante abordar essas questões e promover discussões sobre como lidar com esses desafios de forma responsável e equitativa.

*E aí, você está preparado para a Sociedade 5.0?*

# PERFIL DOS AUTORES

## Marcos J. Ribeiro

Marcos é consultor empresarial, professor de Engenharia de Produção e Engenharia Mecânica. Sua pesquisa foi na área de simulação de processos. Isso se deve a curiosidade de explorar outros ramos do conhecimento. Desde seu primeiro contato com o mundo da informática ainda nos anos de 1992 na universidade percebeu que as máquinas poderiam ser controladas a partir da programação e obter a padronização de processos. Seu primeiro contato com a internet ainda foi com a rede acadêmica, antes do boom da internet pessoal e o surgimento das redes sociais. Percebeu e vivenciou as revoluções das redes sociais e seus impactos na sociedade.

Através da parceria com o prof. Dr. Ricardo Mendes Jr. visou colaborar para com a sociedade em lançar o primeiro livro em português sobre a Sociedade 5.0 que é uma revolução digital com seus impactos.

Marcos ainda continua a escrever diversos outros livros sobre temas diversos que movem a sociedade através do conhecimento e até do entretenimento.

LinkedIn: https://www.linkedin.com/in/marcosjribeiro/

Amazon: https://www.amazon.com/author/marcosjr

### Ricardo Mendes Jr.

Ricardo é professor no Programa de Pós-graduação em Gestão da Informação na UFPR. Professor aposentado de Engenharia Civil e Engenharia de Produção da UFPR. Trabalha com computação aplicada à engenharia desde o segundo ano da graduação, em 1977. Desenvolveu em sua carreira acadêmica pesquisa em tecnologia da informação e comunicação na Construção Civil. Atuou com desenvolvimento de software também nesta área nos anos 1980-90. Executou e coordenou inúmeros projetos de P&D na UFPR com financiamento das agências de fomento estadual e federal desenvolvendo aplicações para ambientes virtuais de aprendizagem (AVA), gestão de projetos, planejamento de obras e aplicações mobile para gestão de obras, gestão do conhecimento, entre outros.

Aceitou o desafio colocado pelo prof. M.Sc. Marcos J. Ribeiro neste tema pouco explorado ainda para colaborar com a sociedade em lançar o primeiro livro em português sobre a Sociedade 5.0 que é uma revolução digital com seus impactos.

Ricardo trabalha em vários projetos de aplicações mobile em ambientes JavaScript, Google AppScript e plataformas No-code para uso pessoal e doméstico. Atua também em projetos cívicos para a cidade de Curitiba.

Website: https://ricardomendesjr.com.br/

LinkedIn: https://www.linkedin.com/in/ricardomendesjr/

Perfil: https://linktr.ee/ricardomendesjr

Redes sociais: @ricardomendesjr

# A JORNADA DIGITAL DO LIVRO

Divulgar o livro na web é essencial para alcançar cada vez mais leitores globalmente e criar conexões significativas. As redes sociais como Twitter (X) e Instagram oferecem interação direta e insights sobre o processo de escrita, enquanto o nosso website é o hub central para explorar mais sobre a obra, compartilhar comentários e mergulhar na jornada com os autores.

Não perca a chance de se envolver com outros leitores de todo o mundo e descobrir como a mensagem do livro pode transcender fronteiras físicas.

Junte-se a nós nas redes sociais e visite o nosso website para uma experiência enriquecedora e inspiradora!

Twitter(x): @sociedade_50

Instagram: @sociedade_50

Website: https://www.sociedade.com

# GLOSSÁRIO

**Algoritmo**: Um algoritmo é uma sequência de cálculos e regras usada para resolver um problema ou analisar um conjunto de dados. - https://w.wiki/75pN

**Análise de dados**: A análise de dados é um processo de inspeção, limpeza, transformação e modelagem de dados com o objetivo de descobrir informações úteis, informar conclusões e apoiar a tomada de decisões. - https://w.wiki/75pL

**Artificial intelligence (AI)**: Ver inteligência artificial

**Aumented reality (AR)**: Ver realidade aumentada

**Automação** : Em seu uso moderno, a automação pode ser definida como uma tecnologia que utiliza comandos programados para operar um dado processo, combinados com retroação de informação para determinar que os comandos sejam executados corretamente, frequentemente utilizada em processos antes operados por seres humanos, é a aplicação de técnicas computadorizadas ou mecânicas para diminuir o uso de mão de obra em qualquer processo, especialmente o uso de robôs nas linhas de produção - https://w.wiki/75pJ

**Big data**: Big data (macrodados, megadados, ou grandes dados em português) é a área do conhecimento que estuda como tratar, analisar e obter informações a partir de conjuntos de dados muito grandes. - https://w.wiki/75pQ

**Blockchain**: A blockchain (também conhecido como "o protocolo da confiança") é uma tecnologia de registro distribuído que visa a descentralização como medida de segurança. - https://w.wiki/75pR

**Ciberespaço**: É o espaço virtual para a comunicação que surge da interconexão das redes de dispositivos digitais interligados no planeta, incluindo seus documentos, programas e dados, portanto não se refere apenas à infraestrutura material da comunicação digital, mas também ao universo de informações que ela abriga.    - https://w.wiki/75pS

**Cibernética**: A cibernética é o estudo interdisciplinar da estrutura dos sistemas reguladores, suas estruturas, restrições e possibilidades. Norbert Wiener definiu a cibernética em 1948 como "o estudo científico do controle e comunicação no animal e na máquina". Em outras palavras, é o estudo científico de como humanos, animais e máquinas controlam e se comunicam. - https://w.wiki/75pT

**Cidades inteligentes**: Uma Cidade inteligente (ou Smart City) é uma cidade que usa tipos diferentes de sensores eletrônicos para coletar dados e usá-los para gerenciar recursos e ativos eficientemente. Incluindo dados coletados de cidadãos, dispositivos que são processados e analisados para monitorar e gerenciar sistemas de tráfego e transporte, geração de energia e diversos outros serviços para a comunidade - https://w.wiki/75pU

**Cocriação**: Cocriação é uma iniciativa de gestão, ou forma de estratégia econômica, que reúne diferentes partes (por exemplo, uma empresa e um grupo de clientes), a fim de produzir conjuntamente um resultado mutuamente valorizado - https://w.wiki/75pV

**Competência em informação**: Competência em informação, ou competência informacional, tem como objetivo formar indivíduos que saibam determinar a natureza e a extensão de sua necessidade de informação como suporte a um processo inteligente de decisão. termo similar: alfabetização informacional. - https://w.wiki/75pW

**Computação quântica**: A computação quântica é a ciência que estuda as aplicações das teorias e propriedades da mecânica quântica na Ciência da Computação. Dessa forma seu principal foco é o desenvolvimento do computador quântico. - https://w.wiki/75pX

**Conectividade**: É um tema fortemente ligado a teoria dos problemas de fluxo de redes. - https://w.wiki/75pY

**Conectividade ubíqua**: Ver ubíqua

**Conhecimento**: Conhecimento (do latim cognoscere, "ato de conhecer"), como a própria origem da palavra indica, é o ato ou efeito de conhecer. Como por exemplo: conhecimento das leis; conhecimento de um fato; conhecimento de um documento; termo de recibo ou nota em que se declara o aceite de um produto ou serviço; saber, instrução ou cabedal científico (homem com grande conhecimento); informação ou noção adquiridas pelo estudo ou pela experiência; (autoconhecimento) consciência de si mesmo. - https://w.wiki/75pZ

**Coworking**: Coworking, cotrabalho, trabalho colaborativo ou trabalho cooperativo, é um modelo de trabalho que se baseia no compartilhamento de espaço e recursos de escritório, reunindo pessoas que não trabalham necessariamente para a mesma empresa ou na mesma área de atuação, podendo inclusive reunir entre os seus usuários os profissionais liberais, empreendedores e usuários independentes. - https://w.wiki/75pa

**Crowdfunding** : Crowdfunding, ou financiamento coletivo, consiste na obtenção de capital para iniciativas de interesse coletivo através da agregação de múltiplas fontes de financiamento, em geral pessoas físicas interessadas na iniciativa. - https://w.wiki/75pb

**Dado**: Na computação, dados (tratados como singular, plural ou como um substantivo de massa) são qualquer sequência de um ou mais símbolos. Datum é um único símbolo de dados. Os dados requerem interpretação para se tornarem informação. - https://w.wiki/75pc

**Desenvolvimento sustentável**: Desenvolvimento sustentável é um conceito sistêmico que se traduz num modelo de desenvolvimento global que incorpora os aspectos de um sistema de consumo em massa no qual a preocupação com a natureza, via de extração da matéria-prima, é máxima. - https://w.wiki/75pd

**Design sustentável**: O design sustentável, também chamado de design ecológico, design para a sustentabilidade, design para o desenvolvimento sustentável ou ecodesign, entre outros nomes, é a filosofia de projetar objetos físicos, o ambiente construído, e serviços em conformidade com os princípios da sustentabilidade nas suas dimensões: social, econômica e ambiental. - https://w.wiki/75pe

**Digitalização**: Digitalização é o processo pelo qual uma imagem ou sinal analógico é transformado em código digital. Isso se dá através de um equipamento ou software digitalizador de imagens (scanner). - https://w.wiki/75pf

**Disrupção**: Tecnologia disruptiva ou inovação disruptiva é um termo que descreve a inovação tecnológica, produto, ou serviço, com características "disruptivas", que provocam uma ruptura com os padrões, modelos ou tecnologias já estabelecidos no mercado. - https://w.wiki/75ph

**Economia circular**: A economia circular é um conceito económico que faz parte do desenvolvimento sustentável e de conceitos económicos inspirados nomeadamente em noções de permacultura económica, de economia verde, de economia de uso ou da economia de funcionalidade, da economia desempenho e da ecologia industrial, e que emerge como alternativa à economia linear. - https://w.wiki/75pi

**Economia compartilhada**: Economia de compartilhamento ou economia compartilhada, são expressões genéricas que abrangem vários significados, sendo frequentemente usadas para descrever atividades humanas voltadas à produção de valores de uso comum e que são baseadas em novas formas de organização do trabalho (mais horizontais que verticais), na mutualização dos bens, espaços e instrumentos (com ênfase no uso e não na posse), na organização dos cidadãos em redes ou comunidades, e que geralmente são intermediadas por plataformas Internet. - https://w.wiki/75pj

**Educação digital**: educação digital leva em consideração o entendimento do que seriam fontes que nascem digitais, fontes que nascem digitalizadas, suportes, instituições, das políticas públicas e o tratamento e análise dos dados. Estas questões interferem diretamente na cultura material e investigação historiográfica educativa, tanto na teoria quanto nas práticas docentes. - https://w.wiki/75pk

**Empreendedorismo**: Empreendedorismo é o processo de iniciativa de implementar novos negócios ou mudanças em empresas já existentes. É um termo muito usado no âmbito empresarial e muitas vezes está relacionado com a criação de empresas ou produtos novos, normalmente envolvendo inovações e riscos. - https://w.wiki/75pm

**Exclusão digital**: É o oposto a inclusão digital.

**Fake news**: Fake news, ou notícias falsas são uma forma de imprensa marrom que consiste na distribuição deliberada de desinformação ou boatos via jornal impresso, televisão, rádio, ou ainda online, como nas mídias sociais. - https://w.wiki/75pn

**Globalização**: A globalização é um dos processos de aprofundamento internacional da integração econômica, social, cultural e política, que teria sido impulsionado pela redução de custos dos meios de transporte e comunicação dos países no final do século XX e início do século XXI sendo considerada a maior mudança da história da economia nos últimos 40 anos. - https://w.wiki/75po

**Governança**: A governança compreende todos os processos de "governar" - seja pelo governo de um estado, por um mercado ou por uma rede - sobre um sistema social (família, tribo, organização formal ou informal, um território ou através de territórios) ou através do leis, normas, poder ou linguagem de uma sociedade organizada.[1] Relaciona-se com "os processos de interação e tomada de decisão entre os atores envolvidos em um problema coletivo que leva à criação, reforço ou reprodução de normas e instituições sociais".[2] Em outras palavras, poderia ser descrito como os processos políticos que existem em e entre instituições formais. - https://w.wiki/75pp

**GPDR**: O Regulamento Geral de Proteção de Dados (2016/679, "GDPR", General Data Protection Regulation) é um regulamento da legislação da UE sobre proteção de dados e privacidade na UE e no Espaço Econômico Europeu (EEE). - https://w.wiki/fFM

**Hubs**: Concentradores - https://w.wiki/75pq

**Inclusão digital**: Políticas de inclusão digital incluem a criação de pontos de acesso à internet em comunidades carentes (favelas, cortiços, ocupações, assentamentos) e capacitação (treinamento) de usuários de ferramentas digitais (computadores, DVDs, vídeo digital, som digital, telefonia móvel). - https://w.wiki/75pr

**Informação**: Informação é um conhecimento inscrito (gravado) sob a forma escrita (impressa ou numérica), oral ou audiovisual. É resultante do processamento, manipulação e organização de dados, de tal forma que represente uma modificação (quantitativa ou qualitativa) no conhecimento do sistema (humano, animal ou máquina) que a recebe. - https://w.wiki/75ps

**Inovação**: Inovação significa criar algo. A palavra é derivada do termo latino innovatio, e se refere a uma ideia, método ou objeto que é criado e que pouco se parece com padrões anteriores. Hoje, a palavra "inovação" é mais usada no contexto de ideias e invenções assim como a exploração econômica relacionada, sendo que inovação é invenção que chega no mercado] atualmente, a separação entre inovação e produção é considerada fraca, às vezes tendendo a se mesclar e confundir com o passar do tempo - https://w.wiki/75pt

**Inteligência artificial (IA)**: Na tecnologia, a Inteligência Artificial (de sigla: IA; do inglês: *Artificial Intelligence*, de sigla: AI) é a inteligência demonstrada por máquinas ao executar tarefas complexas associadas a seres inteligentes, além de também ser um campo de estudo acadêmico, no qual o principal objetivo é de executar funções de modo autônomo. - https://w.wiki/75pv

**Interfaces cérebro-computador**: Uma interface cérebro-computador (ICC, BCI em inglês), também chamada interface mente-máquina (IMM), e também interface neural direta (IND), interface telepática sintética (ITS) ou interface cérebro-máquina, é um caminho comunicativo direto entre o cérebro e um dispositivo externo. ICCs são, frequentemente, direcionados para pesquisar, auxiliar, aumentar ou reparar a cognição humana ou as funções senso-Asmotoras. - https://w.wiki/75pw

**Internet das coisas (IoT)**: Ver IoT

**IoT**: Internet das coisas (em inglês: Internet of Things, IoT) é um conceito que se refere à interconexão digital de objetos cotidianos com a internet, conexão dos objetos mais do que das pessoas. - https://w.wiki/75px

**LGPD**: A Lei Geral de Proteção de Dados Pessoais (LGPD ou LGPDP), Lei nº 13.709/2018, é a legislação brasileira que regula as atividades de tratamento de dados pessoais e que também altera os artigos 7º e 16 do Marco Civil da Internet. - https://w.wiki/75py

**Literacia**: Literacia é a capacidade de saber e produzir conteúdo culturalmente apropriados. Nomeadamente ser capaz de interpretar o que está escrito, de fazer cálculos ou ter a competência para executar uma determinada área de conhecimento. - https://w.wiki/75pz

**Metaverso**: Metaverso é o termo que indica um tipo de mundo virtual que tenta replicar a realidade através de dispositivos digitais. É um espaço coletivo e virtual compartilhado, constituído pela soma de "realidade virtual", "realidade aumentada" e, "Internet". - https://w.wiki/75p$

**Plataformas**: Uma plataforma computacional é, no senso mais geral, qualquer que seja o ambiente pré-existente, um pedaço de software que é projetado para ser executado internamente, obedecendo às suas limitações e fazendo uso das suas instalações. - https://w.wiki/75q2

**Políticas públicas**: Política pública, comumente referida no plural políticas públicas (em inglês, "public policy"), é uma concepção institucionalizada para a solução de problemas públicos que afetam uma coletividade. - https://w.wiki/75q3

**Realidade aumentada**: Realidade Aumentada (RA ou Augmented reality, AR) a integração de elementos ou informações virtuais a visualizações do mundo real através de uma câmera e com o uso de sensores de movimento como giroscópio e acelerômetro. - https://w.wiki/75q4

**Realidade virtual**: Realidade virtual (RV, ou Virtual Reality, VR) é uma tecnologia de interface entre um usuário e um sistema operacional através de recursos gráficos 3D ou imagens 360° cujo objetivo é criar a sensação de presença em um ambiente criado por técnicas computacionais diferente do real (ambiente virtual 3D). - https://w.wiki/75q5

**Reciclagem**: Reciclagem é o processo de conversão de desperdício em materiais ou produtos de potencial utilidade. Este processo permite reduzir o consumo de matérias-primas, de utilização de energia e a poluição do ar e da água, ao reduzir também a necessidade de tratamento convencional de lixo e a emissão de gases do efeito estufa. - https://w.wiki/75q6

**Reskilling**: O treinamento ou treinamento de reciclagem é o processo de aprender uma habilidade ou profissão nova ou a mesma antiga para o mesmo grupo de pessoal. O treinamento de reciclagem é necessário para ser fornecido regularmente para evitar a obsolescência do pessoal devido às mudanças tecnológicas e à capacidade de memória dos indivíduos. - https://w.wiki/75q7

**Reutilização**: Reutilizar é o uso de um produto mais de uma vez, independentemente de ser na mesma função ou não. Em contrapartida, a reciclagem consiste na reintrodução do produto no sistema produtivo, dando origem a um produto diferente do inicial, mas com características similares ao do produto original, ou seja, serve apenas de matéria prima. - https://w.wiki/75q8

**Robótica**: Robótica é um ramo educacional e tecnológico que trata de sistemas compostos por partes mecânicas automáticas em conjunto com circuitos integrados, tornando sistemas mecânicos motorizados controlados por circuitos elétricos e inteligência computacional. - https://w.wiki/75q9

**Smart cities**: Ver cidades inteligentes

**Smartphones**: Um smartphone (palavra inglesa que significa "telefone inteligente", ainda sem correspondente em português) é um celular (telemóvel em Portugal) que combina recursos de computadores pessoais, com funcionalidades avançadas que podem ser estendidas por meio de programas aplicativos executados pelo seu sistema operacional. - https://w.wiki/75qA

**Startups**: Startup (termo da língua inglesa sem tradução oficial) é um termo que representa uma empresa emergente e recém-criada ainda em fase de desenvolvimento, que tem como objetivo principal desenvolver ou aprimorar um modelo de negócio, preferencialmente escalável, disruptivo e repetível. - https://w.wiki/75qB

**Sustentabilidade**: Sustentabilidade é uma característica ou condição de um processo ou de um sistema que permite a sua permanência, em certo nível, por um determinado prazo. Ultimamente, este conceito tornou-se um princípio segundo o qual o uso dos recursos naturais para a satisfação de necessidades presentes não pode comprometer a satisfação das necessidades das gerações futuras. - https://w.wiki/75qC

**Sustentabilidade** ambiental: Ver sustentabilidade

**Sustentabilidade econômica**: Sustentabilidade econômica é a capacidade de produção, distribuição e utilização equitativa das riquezas produzidas pelo homem. O crescimento econômico sustentado refere-se a um ciclo de crescimento econômico (medido em termos de crescimento do PIB) constante e duradouro, porque assentado em bases consideradas estáveis e seguras. - https://w.wiki/75qD

**Tecnologias da Informação e Comunicação (TICs)**: Tecnologias da informação e comunicação (TICs) é uma expressão que se refere ao papel da comunicação (seja por fios, cabos, ou sem fio) na moderna tecnologia da informação. Entende-se que TICs são todos os meios técnicos usados para tratar a informação e auxiliar na comunicação, o que inclui o hardware de computadores, rede e telemóveis. - https://w.wiki/75qE

**Tecnologias digitais**: Podemos considerar as tecnologias digitais como sendo aquelas que se baseiam em métodos de codificação e transmissão de dados de informação, permitindo resolução de problemas de forma mais rápida e eficiente. Ver também Tecnologias da Informação e Comunicação (TICs)

**Ubíqua**: "Ubíqua" é um termo derivado do latim "ubique", que significa "em todos os lugares" ou "em toda parte". Quando utilizado no contexto da conectividade ubíqua, refere-se à ideia de que a conectividade está presente em todos os lugares, ou seja, é onipresente. - https://w.wiki/75qG

**Upskilling**: Upskilling é o desenvolvimento de habilidades, competências e conhecimentos que uma pessoa já possui ou nas áreas em que já está inserida. Portanto, é um aprimoramento do domínio sobre esses assuntos, pela sua expansão ou atualização. - https://www.alura.com.br/empresas/artigos/reskilling-e-upskilling

**Veículos autônomos**: Um veículo autônomo (português brasileiro) ou veículo autónomo (português europeu), também conhecido como veículo robótico ou veículo sem motorista, designa qualquer veículo terrestre com capacidade de transporte de pessoas ou bens sem a utilização de um condutor humano. - https://w.wiki/75qH

**Viés**: Viés ou tendência, no sentido mais comum, é uma distorção do julgamento do observador. Manifesta-se como uma inclinação irracional a atribuir um julgamento mais favorável ou desfavorável a alguma coisa, pessoa ou grupo. - https://w.wiki/75qJ

**Virtual reality** (VR): Ver realidade virtual

# Índice Remissivo


Algoritmos ................................................................. 26, 41, 44, 68
Análise de dados ................................... 17, 41, 48, 52, 55, 60, 77
Artificial Intelligence ............................................................ 10, 83
Automação ..................................................................................... 77
Big data ........................................................................................... 77
Blockchain ............................................................................... 24, 77
Ciberespaço ................................................................................... 77
Cibernética ..................................................................................... 78
Cidades inteligentes ............................................................. 50, 78
Cocriação ....................................................................................... 78
Competência em informação ............................................. 16, 78
Computação quântica ......................................................... 25, 78
Conectividade ....................................................................... 16, 79
Conectividade ubíqua ......................................................... 16, 79
Conhecimento ............................................................................... 79
Coworking ............................................................................... 39, 79
Crowdfunding ............................................................................... 79
Dado ............................................................................................... 79
Desenvolvimento sustentável ................................................... 80
Design sustentável ............................................................... 40, 80
Digitalização ................................................................................. 80
Disrupção ....................................................................................... 80
Economia circular ........................................................................ 80
Economia compartilhada ........................................................... 80
Educação digital .......................................................................... 81
Empreendedorismo ..................................................................... 81
Exclusão digital ............................................................................ 81
Fake news ....................................................................................... 81
Globalização ................................................................................. 81
Governança ................................................................................... 81
GPDR ......................................................................................... 36, 82
Hubs ................................................................................................. 82
Inclusão digital ...................................................................... 69, 82
Informação ..................................................................... 18, 74, 82, 86
Inovação ................................................................................. 16, 82
Inteligência artificial .................................................................... 83
Interfaces cérebro-computador ................................................ 83
Internet das coisas ...................................................................... 83

IoT ................................................................12, 13, 17, 18, 24, 41, 46, 70, 83
LGPD ................................................................................................36, 83
literacia ................................................................16, 29, 33, 34, 83
Metaverso.................................................................................23, 84
Plataformas ................................................................38, 39, 57, 66, 84
Políticas públicas .........................................................................84
Realidade aumentada...................................................................77, 84
Realidade aumentada...................................................................84
Realidade virtual ..........................................................................84
Reciclagem...................................................................................84
Reskilling......................................................................................85
Reutilização...............................................................................40, 85
Robótica .......................................................................................85
Smart cities ..................................................................................85
Smartphones ............................................................................24, 85
Startups ..................................................................................46, 47, 85
Sustentabilidade ..........................................................................86
Sustentabilidade econômica .......................................................86
Tecnologias da Informação e Comunicação .........................86
Tecnologias digitais .....................................................................86
Ubíqua .........................................................................................86
Upskilling .....................................................................................87
Veículos autônomos ................................................................25, 87
Viés...............................................................................................87
Virtual reality.................................................................................87

# Bibliografia

1. Brynjolfsson, Erik, e Andrew McAfee. "The Second Machine Age: Work, Progress, and Prosperity in a Time of Brilliant Technologies." WW Norton & Company, 2016. ISBN 978-0393350647 - https://amzn.to/43FZDzq

2. Brynjolfsson, Erik, and Andrew McAfee. "Machine, Platform, Crowd: Harnessing Our Digital Future." WW Norton & Company, 2017. ISBN 978-0393254297 - https://amzn.to/43T0exk

3. Ford, Martin et al. "The Rise of the Robots: Technology and the Threat of a Jobless Future." 2015. ISBN 978-0465097531 – https://amzn.to/43GIF3X

4. Goldin, Claudia e Katz, Lawrence F. "The Race Between Education and Technology." Digital. ISBN 978-0674035300 – https://amzn.to/4404Ybo

5. Hall, Peter, e David Soskice. "Varieties of Capitalism: The Institutional Foundations of Comparative Advantage." Oxford University Press, 2001. ISBN 978-0199247752 - https://amzn.to/3X828la

6. Hitachi-UTokyo Laboratory(H-UTokyo Lab.). Society 5.0 A People-centric Super-smart Society 1st ed. 2020. Society 5.0. Springer Nature Singapore. Edição do Kindle. https://amzn.to/46bberB

7. Jenkins, Henry. "Convergence Culture: Where Old and New Media Collide." New York University Press, 2008. ISBN 978-0814742952 https://amzn.to/468Nynl

8. Kelly, Kevin. "The Inevitable: Understanding the 12 Technological Forces That Will Shape Our Future." Penguin Books, 2017. ISBN 978-0143110378 - https://amzn.to/3qMYmlf

9. KPMG International. "Society 5.0: Navigating the Next Era of Business." KPMG, 2018.

10. McAfee, Andrew, e Erik Brynjolfsson. "Race Against the Machine: How the Digital Revolution is Accelerating Innovation, Driving Productivity, and Irreversibly Transforming Employment and the Economy." Digital, 2012. ISBN 978-0984725113 - https://amzn.to/3qPx5ok

11. Morozov, Evgeny. "The Net Delusion: The Dark Side of Internet Freedom." Public Affairs, 2011. ISBN 978-1586488741 - https://amzn.to/46iHCca

12. Parker, Geoffrey G e Alstyne, Marshall W Van e Choudary, Sangeet Paul "Platform Revolution: How Networked Markets Are Transforming the Economy--And How to Make Them Work for You." 2017. ISBN 978-0393354355

13. Rifkin, Jeremy. "The Zero Marginal Cost Society: The Internet of Things, the Collaborative Commons, and the Eclipse of Capitalism." St. Martin's Griffin, 2014. - https://amzn.to/3PeJBl8

14. Spence, Michael. "The Next Convergence: The Future of Economic Growth in a Multispeed World." Farrar, Straus and Giroux, 2011. ISBN 978-0374159757 - https://amzn.to/3NwpOmn

15. Tirole, Jean. "Platform Competition in Two-Sided Markets." Journal of the European Economic Association, vol. 1, n°. 4, 2003, pp. 990–1029.

16. UNI Global Union. "Society 5.0: Building the Future of Work." UNI Global Union, 2021.

www.ingramcontent.com/pod-product-compliance
Lightning Source LLC
LaVergne TN
LVHW010457200726
843506LV00002B/138